조종당하는
인간

- 이 책에 실린 해당 저작물의 모든 내용은 저작권법에 따라 보호를 받는 (주)스노우폭스북스의 저작물이므로 무단 전재와 무단 복제를 금합니다.
- 이 책 내용의 전부 또는 일부를 사용하려면 반드시 출판사의 동의를 받아야 합니다.

커리어

더 나은 하루

자제력

균형잡힌 삶

조종당하는 인간

신경과 전문의 **김석재**

현실

지금

NOW

오늘

프롤로그

그건 약함이 아니라,
뇌가 그렇게 작동하고 있었을 뿐이다

우리는 늘 다짐합니다. 오늘부터는 술 끊자, 이번엔 진짜 다이어트 성공하자, 이번 달엔 반드시 절약하자. 그런데 어느새 손엔 맥주 캔이 들려 있고, 냉장고 문을 열고 야식을 꺼내지요. 최신형 아이폰의 사전구매 알림에 마음이 흔들리고, 결국 "이번 달도 망했네" 한숨만 쉽니다. 후회는 끝없이 반복되지만, 뇌는 아무 일 없었다는 듯 다음 충동을 준비합니다.

이럴 때 우리는 자신에게 묻습니다.

"난 정말 의지박약인 걸까?"

우리가 충동적인 행동을 반복하는 이유는 단순히 의지가 약해서만은 아닙니다. 사실 인간의 뇌는 진화 과정에서 즉각적인 보상을 우선시하는 방식으로 설계되었습니다. 예전에는 이러한 방식이 생존에 필수였지만, 현대 사회에서는 오히려 문제를 일으키는 원인이 되기도 합니다. 번번이 작심삼일로 끝나는 결심, 충동구매, 알콜 중독, 반복되는 연인과의 다툼, 자녀와의 갈등 등, 겉보기엔 서로 무관한 문제들도 결국 '뇌의 자동적 반응'이라는 하나의 원인에서 시작합니다.

철학자들은 오래전부터 '충동'이라는 문제를 고민했습니다. 플라톤은 인간을 '욕망이라는 말과 끊임없이 싸우는 존재'로 묘사했고, 쇼펜하우어 역시 "인간은 맹목적인 욕망에 끌려다닌다"고 말했죠. 그런데 현대의 뇌과학은 여기에 '희망' 한 스푼을 더해줍니다. 감정과 행동은 뇌 속 특정 회로와 신경물질들의 작용으로 생성되는데, 그 회로는 다행히도 조정이 가능하다고 합니다.

저는 이 희망을 직접 체험한 사람입니다. 체중 감량을 위해 '위고비'라는 주사를 맞은 후, 놀랍게도 그렇게 끊기 힘들었던 술 생각이 자연스럽게 사라졌습니다. 전에는 '오늘까지만 마시고 다음 주부터는 진짜 술 끊는다'고 수백 번 다짐했지만, 막상 그날이 와도 여전히 술잔을 들고 있었어요. 신경과 전문의로서 수많은 환자들의 뇌를 치료해온 저 역시, 뇌가 만들어낸 충동 앞에선 무력하기만 했습니다. 그랬던 제가 위고비 주사를 맞은 지 몇 주 만에 술 생각을 전혀 하지 않으면서, 충격에 가까운 해방감을 느꼈습니다.

'내 의지의 문제가 아니라 뇌가 보내는 신호의 문제였구나!'

이 깨달음을 몸으로 경험한 후, 저는 완전히 다른 눈으로 뇌를 보기 시작했습니다.

이 책에서 저는 철학, 심리학, 뇌과학을 넘나들며 '충동'이라는 문제를 천천히, 하나씩 풀어가려 합니다. 복잡한 이론이나 어려운 이야기가 아니라, 평범한 우리의 일상 속에서 당장 적용할 수 있는 전략들을 함께 나눌 것입니다. 이를 통해 당신도 충동에 흔들리는 자신을 덜 탓하고, 더 가벼운 마음으로 삶을 살아갈 수 있을 것입니다.

이 책을 통해 꼭 전하고 싶은 말이 있습니다.

"당신이 약한 게 아닙니다. 뇌가 그렇게 작동하도록 설계되어 있었을 뿐입니다."

하지만 그 구조는 바꿀 수 있습니다. 그것이 우리가 더 자유로워질 수 있는 이유입니다.

이제 함께 우리의 뇌 속으로 떠나봅시다.

꼭 기억해 주세요.

지금껏 당신을 힘들게 했던 건 의지가 아니라, 뇌의 방식이라는 사실을.

네 탓이 아니야, 뇌 탓이야.

목차

프롤로그
그건 약함이 아니라, 뇌가 그렇게 작동하고 있었을 뿐이다 • 5

1장
알고도 왜, 똑같은 후회를 반복하게 될까?

⟨1⟩ 왜 나는 알면서도 또 그 선택을 하고 마는가! • 15
⟨2⟩ 욕망에 흔들리는 나를 철학자들은 어떻게 보았을까? • 17
⟨3⟩ 내 안에서 나 대신 결정하는 뇌의 배우들 • 32
⟨4⟩ 진짜 내 선택이 시작되는 곳 • 41
⟨5⟩ 멈추지 못할 때는 돌아오는 길을 만들라 • 48
⟨6⟩ 나를 바꾸려면 뇌 설계부터 다시! • 58
⟨7⟩ 충동과 함께 살아가는 나만의 방식이 필요하다 • 67

2장
작심삼일은 왜 반복될까?

〈1〉 다짐은 쉬운데, 행동은 왜 이리 어려운가! • 73
〈2〉 의지력은 훈련될 수 있는 능력일까? • 75
〈3〉 나를 자꾸 배신하게 만드는 뇌의 회로 • 81
〈4〉 실패는 반복되고, 이유는 늘 비슷하다 • 88
〈5〉 자기관리에는 결심보다 협상이 먼저다 • 95
〈6〉 작고 구체적인 변화가 인생을 바꾸기 시작했다 • 106
〈7〉 뇌와 협상하며 균형을 되찾는 삶 • 113

3장
사지 않아도 되는 걸 왜 또 사는 걸까?

〈1〉 충동구매는 왜 그렇게 익숙한가! • 119
〈2〉 덜 갖는 삶을 택한 철학자들의 선택 • 121
〈3〉 지갑을 여는 건 결국 뇌의 회로다 • 129
〈4〉 장바구니는 찼는데 마음은 비어 있다 • 136
〈5〉 소비 본능을 다루는 뇌의 훈련법 • 144
〈6〉 지름신 뒤에는 감정이 숨어 있다 • 154
〈7〉 의식적 소비로 삶의 방향을 바꾸다 • 160

4장
끊으려 할수록 더 깊이 빠지는 이유

⟨1⟩ 중독은 의지의 문제가 아니다 •165
⟨2⟩ 중독을 바라보는 철학과 과학의 시선 •167
⟨3⟩ 중독이라는 무대, 각본대로 움직이는 뇌 •176
⟨4⟩ 무너지는 건 뇌가 아니라 마음이다 •183
⟨5⟩ 도파민 회로를 다시 설계하는 전략 •190
⟨6⟩ 회복은 직선이 아니라 나선이다 •204
⟨7⟩ 회복에 성공한 사람들은 무엇이 달랐을까? •211

5장
사랑은 왜 결국 상처로 돌아오는가?

⟨1⟩ 사랑이 딜레마가 되는 이유 •217
⟨2⟩ 사랑을 해석해온 철학자들의 관점 •220
⟨3⟩ 사랑에 반응하는 뇌의 메커니즘 •228
⟨4⟩ 감정과 착각이 뒤섞이는 관계의 혼란 •237
⟨5⟩ 사랑을 유지하기 위한 감정 조절의 기술 •244
⟨6⟩ 다투면서도 오래 가는 이들의 비밀 •255
⟨7⟩ 사랑이라는 춤, 뇌라는 무대 •261

6장
자녀는 왜 뜻대로 자라지 않을까?

〈1〉 아이는 부모의 두 번째 인생이 아니다 • 267
〈2〉 양육을 바라보는 철학적 관점 • 269
〈3〉 공사 중인 아이의 뇌를 이해하라 • 277
〈4〉 부모의 갈등을 심리학으로 들여다보다 • 286
〈5〉 감정에 휘말리지 않는 육아 전략 • 296
〈6〉 갈등을 성장으로 바꾼 사례들 • 310
〈7〉 아이를 키우며 나를 다시 이해하다 • 317

에필로그
갈망을 꺼버린 스위치 • 320

참고문헌 • 322

1장

알고도 왜, 똑같은 후회를
반복하게 될까?

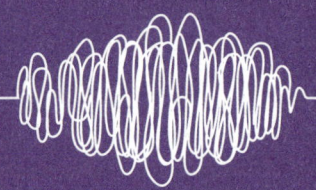

〈1〉
왜 나는 알면서도
또 그 선택을 하고 마는가!

어느 날 문득, 자기 삶을 들여다보는 순간이 찾아옵니다. 책상에 쌓여만 가는 읽지 않은 책들, 매번 내일로 미뤄지는 운동 계획, 통장 잔고를 확인할 때마다 드는 묘한 불안. "이번엔 진짜 달라." 다짐했던 기억들이 떠오르지만, 어느새 흐릿한 메아리로 사라진 상태. 왜일까요? 우리는 왜 늘 같은 데서 넘어지고 같은 후회를 반복할까요?

저는 자신을 이해하고 있다고 믿었습니다. 내가 무엇을 원하고, 무엇을 해야 하는지 안다고 생각했죠. 하지만 현실은 다릅니다. 잠들기 전 무심코 열어본 배달 앱에서 손가락이 춤을 추고, '딱 하나만' 사려던 쇼핑이 어느새 장바구니를 가득 채워버려요. 그 모든 선택 뒤에 찾아오는 익숙한 후회까지, 이 모든 게 정말 '나'일까요? 아니면, 내 안의 무언가가 나를 몰래 조종하는 걸까요?

이 충동이라는 존재는 단순히 '사고 싶은 마음'이나 '쉽게 포기하는 습관'에만 머무르지 않습니다. 누군가의 날카로운 말 한마디에 즉각 쏘아붙이고 싶은 반감, 가까운 사람과의 다툼이 걷잡을 수 없는 감정의 소용돌이로 번지는 순간, 심지어 자녀에게 짜증을 내며 '내가 왜 이러지?'라고 자문하는 그 찰나까지. 이상하게도 우리는 '알면서도 멈추지 못하는' 행동을 끝없이 되풀이합니다.

이 모든 것이 우리가 나약해서만은 아닙니다. 사실 그 배후에는 뇌의 치밀한 설계가 숨어 있지요. 충동은 단순한 감정 폭발이 아니라 보상과 만족을 좇는 뇌의 본능, 생존을 위한 오래된 회로, 주변 환경에 반응하는 복잡한 신호들이 얽힌 결과물입니다. 이제 우리는 일상에서 마주하는 여러 문제들을 통해 이 충동의 뿌리를 파헤치려 합니다. 충동은 어떻게 뇌에서 시작되고, 왜 반복되며, 어떻게 제어할 수 있는지 살펴봅시다.

"나는 지금 뇌에게 끌려다니고 있는가, 나의 뇌를 이해하고 함께 살아가고 있는가?"

이 질문에 답하려면 고대 철학자들의 통찰부터 현대 뇌과학의 최신 연구 결과까지 함께 들여다봐야 합니다. 이제, 장난꾸러기 같은 뇌와 함께 '우리는 왜 그렇게 행동하는가'를 파헤치는 여정을 시작할까요?

⟨2⟩
욕망에 흔들리는 나를 철학자들은 어떻게 보았을까?

───

충동은 단순한 감정일까요, 아니면 인간 존재의 핵심일까요? 철학자들은 오래전부터 인간이 왜 본능에 흔들리는지, 그 본능을 어떻게 다뤄야 하는지 고민해왔습니다. 서양과 동양 철학은 충동을 어떻게 바라보고, 조절하려 했는지 알아봅시다.

이성, 의지, 욕망의 영원한 전쟁 — 플라톤

충동에 관한 서양 철학적 논의는 고대 그리스의 플라톤으로 거슬러 올라갑니다. 플라톤은 《국가》에서 인간의 영혼을 세 부분으로 나눴어요. 이성(logos), 의지(thumos) 그리고 욕망(epithymia).

플라톤은 인간의 영혼을 두 마리 말(백마인 의지와 흑마인 욕망)과 마부(이성)에 비유했습니다. 이성은 마차를 옳은 방향으로 몰려고 노력하지만, 검은 말인 욕망은 계속 제멋대로만 가려고 합니다. 문제는 이 말이 너무 강해서 이성이라는 마부가 자주 통제력을 완전히 놓쳐버린다는 거죠.

"오늘은 아이스크림 한 스푼만 먹어야지"가 어느새 "어라? 언제 한 통 다 비웠지?"로 변하는 상황을 플라톤은 이미 2,400년 전에 꿰뚫어 본 셈이니, 정말 대단하지 않나요?

흥미롭게도, 욕망만 문제인 것은 아닙니다. 의지(thumos) 역시 감정과 명예욕, 분노 같은 에너지를 품고 있어서 이성이 아니라 욕망의 편을 들기도 하니까요. 다이어트를 결심한 마음 한편에서 '조금만 먹어도 괜찮겠지'라며 자신을 설득하거나, 누군가의 잔소리에 "내가 뭘 먹든 무슨 상관이야!"라는 반항심이 치솟는 순간이 있죠. 플라톤은 이성과 의지와 욕망, 이 셋의 균형과 조화를 중시했습니다. 그 균형이 깨지면 우리는 '알면서도 안 되는 나'의 혼란 속에 빠지고 맙니다.

잘 다스려진 충동은 덕이 된다 — 아리스토텔레스

플라톤의 제자 아리스토텔레스는 《니코마코스 윤리학》에서 스승보다 한 걸음 더 나아갔습니다. 그는 욕망 자체를 나쁘게 여기지 않고 중용(中庸, Mesotes)이라는 개념을 제시했습니다. 일례로 식욕이 나쁜 것이 아니라 '얼마나, 언제, 어떻게' 먹는지 중요하다고 봤어요. 폭식, 식탐, 절식이 아닌 '적절함'을 찾아야 한다는 거죠. 충동은 죄악시하며 억눌러야 하는 대상이 아니라 조화롭게 관리해야 할 대상이라는 의미입니다.

아리스토텔레스는 "한 번의 제비가 봄을 만들지 않듯이, 한 번의 좋은 행동이 우리를 덕 있는 사람으로 만들지 않는다"라며 습관(Hexis)의 중요성을 강조했습니다. 충동을 다스리는 것은 일회성 싸움이 아니라, 평생에 걸친 꾸준한 연습이라고 말이지요. 현대의 습관 형성 이론을 2,300년이나 앞서 꿰뚫어본 탁월한 관점입니다.

아리스토텔레스가 주장한 또 하나의 핵심은 바로 '실천적 지혜(phronesis)'입니다. 단순한 지식이 아닌, 상황에 맞게 '적절하게 행동할 수 있는 능력'을 의미하지요. 예컨대 용기는 무모함과 비겁함 사이에서 균형을 잡는 것이고, 절제는 쾌락과 금욕 사이에서 타이밍과 정도를 아는 것입니다. 충동을 말살하는 것이 덕이 아니며, 잘 길들여진 충동이야말로 덕의 토양이 된다는 것. 바로 아리스토텔레스의 위대한 통찰입니다.

감정을 이해하면 자유로워진다 — **스피노자**

바뤼흐 스피노자는 《에티카》에서 감정을, 적이 아닌 동료이자 이해해야 할 대상으로 봤습니다. 인간이 감정의 노예가 되는 이유는 감정을 제대로 이해하지 못하기 때문이라고 주장했지요. 어두운 곳에서 길을 찾지 못하고 헤매듯, 감정의 본질을 모르면 우리는 그 힘에 끌려갈 수밖에 없다는 뜻입니다.

"감정을 이해하고 이성으로 다스리면 자유로워질 수 있다." 스피노자는 얽힌 실타래를 풀듯 감정을 분석하며, 크게 능동적 감정(Active Affects)과 수동적 감정(Passive Affects)으로 구분했습니다. 수동적 감정은 우리를 지배하지만, 그 원인을 명확히 이해하면 능동적 감정으로 변화시킬 수 있다고 봤죠. 현대 인지행동치료의 원리와 놀랍도록 유사한 관점입니다.

예를 들어, 화가 날 때 '내가 왜 화났지? 아, 상사가 내 아이디어를 당연하다는 듯 가로챘기 때문이구나'라고 분석하면 맹목적으로 분노하는 대신 차분히 대응할 수 있습니다. 스피노자는 "감정을 마치 현미경으로 들여다보듯 차분히 살펴보라"고 조언합니다. 감정의 해부학자가 되라는 거죠.

스피노자에게 자유란 충동을 억압하는 것이 아니라, 충동이 발생하는 메커니즘을 이해하는 데서 오는 힘입니다. 감정을 '없애야 할 장애물'이 아니라 '이해할수록 덜 흔들리는 내면의 날씨'로 보았죠. 날씨를 바꿀 순 없어도, 비가 올 걸 안다면 우산을 준비할 수 있는 것처럼 말입니다. 이성은 비를 멈추게 하진 못하지만, 그 비를 피하는 지혜를 줍니다. 감정을 읽는 능력＝자기 운명의 방향타를 되찾는 힘, 이게 바로 스피노자가 말한 진짜 자유입니다.

충격적 진실! 이성이 감정의 노예라고? — 흄

18세기 철학자 데이비드 흄은 단호히 말했습니다. "이성은 감정의 노예이며, 그렇게만 존재할 수 있다." 즉, 우리가 "난 완전히 합리적으로 결정했어!"라고 자랑할 때도 사실 운전대는 감정이 꽉 잡고 있고 이성은 뒷좌석에서 "그래, 정말 현명한 선택이야!"라고 박수만 치는 격이라는 말이지요.

흄은 대표 저서 《인간 본성에 관한 논고》에서 이성 자체는 동기를 부여하지 못한다고 주장합니다. '무언가 해야 한다'는 행동의 원동력은 언제나 감정(Passion)에서 나온다는 거죠. 이성은 그저 감정이 원하는 목적을 달성하기 위한 가장 효율적인 수단을 찾아주는 비서에 불과하다는 것입니다.

'저녁엔 건강을 위해 샐러드 먹어야겠다'고 다짐했는데, 친구가 "치킨 시켜서 같이 먹을래?"라고 톡을 보내면? 감정은 '치킨! 치킨! 당장 시켜!'를 외치고, 이성은 곧바로 '그래, 오늘은 특별히 힘든 하루였으니까 위로가 필요해. 내일부터 다시 건강하게 먹으면 되지'라며 합리화를 시작합니다. 흄이 우리 옆에 있다면 "봤지? 네 머릿속은 감정의 화려한 놀이터라니까!"라고 너스레를 떨지는 않았을까요.

흄이 이성을 쓸모없게 여긴 것은 아닙니다. 오히려 그는 진짜 합리적인 사람은 감정의 존재를 인정하고 정확히 인식하는 사람이라고 했습니다. 감정을 무시하는 척하다가 휘둘리기보다 '내가 왜 지금 이걸 원할까?'라고 감정을 점검하는 것이 훨씬 이성적이라고 말이지요. 감정의 주인이 되는 가장 좋은 방법은, 감정을 억누르는 게 아니라 정직하게 들여다보는 것입니다. 흄은 이성의 한계를 인정했기에 오히려 인간을 더 깊이 이해할 수 있었습니다.

이성이여, 날 구원해! 충동의 바다에서 건져줘 — 칸트

임마누엘 칸트는 이성의 열렬한 팬이었습니다. 《실천이성비판》에서 그는 인간이 자연적 충동에 지배되지 않고 도덕법칙에 따라 행동할 때 진정한 자유를 얻는다고 주장했습니다.

칸트의 정언명령(Categorical Imperative)은 즉각적인 충동이나 욕망이 아니라, 보편적 법칙이 될 수 있는 원칙에 따라 행동하라고 요구합니다. "감정이라는 파도에 휩쓸리지 말고, 이성이라는 등대를 따라 자유를 찾아!"가 그의 모토였죠. 흄이 본 인간이 '감정의 바다에 떠다니는 배'라면, 칸트에게 인간은 '이성의 등대를 따라 항해할 수 있는 선장'입니다.

새벽 알람이 울릴 때 '더 자고 싶다'는 충동 대신 '일어나야 해'라는 이성이 이기면 칸트는 "브라보! 자네는 진정한 자유를 향해 한 걸음 더 나아갔네!"라며 박수를 칠 겁니다. 하지만 현실은 알람 끄고 다시 자는 경우가 훨씬 흔하죠. 칸트의 이성은 멋진 이상이지만 우리의 뇌는 자주 '오늘만 좀 더 잘게… 내일부터는 진짜 일찍 일어날게'라며 무시해 버립니다. 안타까운 실상이지요.

칸트의 윤리는 냉정할 정도로 엄격합니다. '하고 싶어서'가 아니라 '해야 하니까' 행동하는 것이 진짜 도덕이므로 "친구를 도와주는 건 기분이 좋아져서가 아니라, 그것이 옳기 때문이어야 한다"고 말합니다. 이런 기준은 현실에서 매일 흔들리는 우리에게는 숨 막히게 고결하면서도, 한편으론 "나도 그렇게 살고 싶다"는 도덕적 갈망을 일으키는 힘이 있습니다. 욕망에 이끌리지 않고 스스로 법을 세우는 인간, 그게 바로 칸트가 말한 '자율적인 존재'이고, 그는 모든 사람이 그런 존재가 될 수 있다고 믿었습니다. 비록 알람을 5번 넘게 끄더라도 말이죠.

욕망의 끝없는 굴레, 인생은 지옥 순환선 — 쇼펜하우어

19세기 철학자 아르투어 쇼펜하우어는 더 암울한 소식을 전하지요. 저서 《의지와 표상으로서의 세계》에서 그는 인간은 맹목적인 '의지(Wille)'라는 본능에 지배당한다고 주장합니다.

쇼펜하우어가 말하는 '의지'는 단순한 욕망이 아니라 모든 존재의 근본에 있는, 살고자 하는 맹목적 충동입니다. 이 의지는 결코 만족시킬 수 없기에 인간은 영원히 고통받을 수밖에 없다고 했습니다. 꽤 우울한 전망이지요.

"너는 네가 원하는 대로 사는 게 아니야. 네 뇌가 원하는 대로 끌려가는 꼭두각시일 뿐이지!" 오늘날 쇼펜하우어가 TED 강연을 한다면 이런 내용이지 않을까요.

최신 스마트폰을 사면 "다 이루었어!"라며 만족하지만 한 달 뒤 출시된 모델 광고를 보면 또다시 지름신이 강림하죠. 배고프면 치킨을 먹고, 배부르면 디저트가 당기고, 디저트 먹으면 또 다른 뭔가가 필요하고… 쇼펜하우어라면 "봐라, 이게 내가 말한 욕망의 끝없는 쳇바퀴라고. 환장할 노릇 아니냐?"라며 씁쓸하게 한숨 쉴 겁니다.

그는 유일한 탈출구로 금욕(Asceticism) 또는 예술적 관조를 제시했습니다. 욕망에서 벗어나는 순간 비로소 평화를 찾을 수 있다는 거죠. 음악이나 예술에 완전히 몰입하면 잠시나마 욕망의 굴레에서 벗어나

평온을 느낄 수 있다고 했습니다. 넷플릭스 보다가 인스타그램 보다가 유튜브 보다가… 끊임없이 스크롤하는 현대인들에게 던지는 일갈 아닐까요.

욕망을 억누르지 말고 함께 춤을 춰! — 니체

프리드리히 니체는 달랐어요. 쇼펜하우어의 철학에 영향을 받았지만 그의 비관주의를 거부했습니다. 그는 충동을 '힘에의 의지(Will to Power)'로 보고 "그걸 억누르지 말고 창조적으로 활용해!"라고 외쳤습니다.

《차라투스트라는 이렇게 말했다》와 《도덕의 계보학》에서 니체는 기독교적 금욕주의가 인간의 자연스러운 충동을 억압하고 '노예 도덕'을 만들어냈다고 신랄하게 비판합니다. 욕망을 나쁜 놈처럼 가두지만 말고 그 에너지를 창조적으로 승화시키라는 뜻이지요. 마치 화산의 에너지를 발전소의 동력으로 바꾸듯 말입니다.

니체에게 진정한 강함은 충동을 부정하는 것이 아니라, 인정하고 예술적으로 승화시키는 데 있었어요. 그는 "춤추는 별을 낳으려면 내면에 혼돈이 있어야 한다"라고 했습니다. 내면의 충동과 혼돈은 억압해야 할 적이 아니라 창조의 원천입니다.

'치킨 먹고 싶다!'는 충동이 든다면 쇼펜하우어는 "넌 이미 욕망의 노예야"라고 한숨 쉬고, 프로이트는 "너의 무의식이 널 조종하고 있군"이라고 분석하겠지만, 니체는 "그래, 그럼 그 에너지로 최고의 닭가슴살 요리를 창조해봐"라고 응원할 겁니다. 충동을 적이 아닌 창조적 파트너로 만들자는 거죠!

욕망은 고통의 원인, 그러니 내려놓으면 어때? — 불교

불교 철학은 사성제(四聖諦, Four Noble Truths: 고통의 존재, 고통의 원인, 고통의 소멸, 고통 소멸로 이끄는 길)에서 인간의 모든 고통이 갈애(탐애[貪愛], Tanha)에서 비롯된다고 가르칩니다. 석가모니는 인간의 끝없는 욕망과 집착이 윤회(輪廻, Samsara)라는 고통의 굴레를 영원히 돌게 만드는 원인이라고 설명했습니다. 새 스마트폰을 사고 만족했다가 금세 최신 모델에 마음을 빼앗겨 또 구매하는 오늘날의 소비 윤회처럼 말입니다.

불교의 팔정도(八正道, Eightfold Path)는 충동을 다스리는 실천적 방법을 제시합니다. 특히 정견(正見, Right View)은 고통의 본질을 이해하는 통찰을, 정념(正念, Right Mindfulness)은 충동이 일어날 때 그것을 알아차리고 거리를 두는 연습법을 강조합니다. 이는 현대 심리학의 마음챙김(Mindfulness)과 깊이 연결되며, 폭풍 속에서 고요히 빛을 내는 등대처럼 마음이 흔들리지 않는 태도를 기릅니다. 또한 정정(正定, Right Concentration)은 명상을 통해 마음을 안정시켜 충동에 휘둘리지 않는 힘을 키우죠.

초콜릿을 먹고 싶은 충동이 들면 불교적 접근은 "아, 초콜릿 먹고 싶다는 생각이 지금 일어나는구나"라고 관찰하고, 거기에 휘말리지 않는 것입니다. 욕망을 억압하는 대신, 알아차리되 거리를 두며 "나는 이 충동이 아니야"라고 인식하는 것입니다. 마치 흘러가는 구름을 바라보는 것과 같지요. 이 과정에서 삼독(三毒: 욕심, 분노, 어리석음)을 줄이는 실천이 더해지면 현대인의 스트레스 관리에도 매우 유용합니다.

《법구경(Dhammapada)》에는 "천 명의 적을 이기는 것보다 자신을 이기는 것이 더 큰 승리"라는 유명한 구절이 있습니다. 외부의 적이 아닌 내면의 충동을 다스리는 것이 진정한 승리라는 말이지요. 현대 심리학이 '자기 조절'이라 부르는 것을 2,500년 전에 이미 가르쳤다니, 정말 놀라운 통찰입니다.

예(禮)로 욕망을 다스리라 — 유교

공자는 인간의 자연스러운 욕망을 부정하지 않았습니다. 대신 예(禮, Li)라는 사회적 규범을 통해 적절히 표현하고 조절해야 한다고 가르쳤지요. 《논어(論語)》에서 공자는 '극기복례(克己復禮)', 즉 자신의 사사로운 욕망을 이기고 예로 돌아가면 인(仁)을 이룰 수 있다고 강조합니다. 이는 단순한 충동 억제가 아니라, 개인의 욕망을 공동체의 조화와 균형 속에서 승화시키는 과정이에요. 오늘날 관점에서 보면, 소셜미디어에 모든 생각을 즉각 올리고 싶은 충동을 조절하는 것도 현대판 '극기복례' 아닐까요.

성선설(性善說)을 주장한 맹자는 사단(四端), 즉 측은지심(惻隱之心, 동정심), 수오지심(羞惡之心, 부끄러움), 사양지심(辭讓之心, 겸양), 시비지심(是非之心, 옳고 그름을 가리는 마음)을 인간 본성이 선한 증거라고 했습니다. 갓 태어난 아기가 자연스럽게 가진 순수한 감정들처럼 말입니다. 맹자는 이를 키우려면 끊임없는 자기 성찰과 교육(수신(修身))이 필요하다고 주장했어요. 현대 심리학의 '내면 아이' 개념과 매우 유사합니다.

반면 성악설(性惡說)을 주장한 순자는 인간의 본성이 악하고 충동적이라고 봤습니다. "인간은 태어날 때부터 이익을 좋아하니, 이를 따르면 다툼과 탐욕이 생겨나고 양보하는 마음은 사라진다"라고 경고했어요. 그래서 예(禮)와 법(法)을 통해 욕망을 엄격히 통제하고, 사회적 질서를 유지해야 한다고 강조했습니다. 순자는 교육과 규범이 없으면 인간은 동물과 다를 바 없다고 여겼지요. 현대의 쇼핑몰이나 소셜미디어가 우리의 본능적 욕망을 자극해 소비하게 만드는 현상을 보면, 순자의 통찰도 일리 있어 보입니다.

자연에 순응하고 무위(無爲)하라 — 도교

노자의 《도덕경(道德經)》은 인위적인 욕망에서 벗어나 자연의 도(道, Tao)를 따르라고 권합니다. "욕심을 내지 않으면 어지럽지 않다(無欲以靜, 무욕이정)"면서요. 고요한 물에 비치는 달처럼, 욕망이 없으면 마음은 맑고 평화롭게 세상을 비춘다는 말입니다. 노자는 무위(無爲)를 통해 자연의 흐름에 저항하지 않고 순응할 때 진정으로 자유하다고 생각했습니다.

도교는 충동을 억누르기보다는 불필요한 욕망을 버리고 단순함을 추구하라고 가르칩니다. "천하의 어려운 일은 쉬운 것에서 시작하고, 천하의 큰일은 작은 것에서 시작한다(天下大事必作於細, 천하대사 필작어세)." 작은 실천, 일례로 하루에 물건 하나를 정리하는 일 등이 쌓여 큰 변화를 만든다는 가르침입니다. 현대 심리학의 '작은 습관' 이론이나 미니멀리즘의 철학적 뿌리와도 맞닿아 있죠. 여기서 작은 것은 불필요한 것을 덜어내고 본질에 다가가는 도구입니다.

반면 장자는 선입견과 고정관념에서 벗어나야 한다고 강조합니다. "작은 앎은 더 큰 깨달음을 가리고, 좁은 선은 더 넓은 선을 막는다"며, 사소한 집착이나 사회적 규범에 얽매이는 것을 경계했습니다. 꿈에서 나비가 된 이야기를 통해 장자는 '나'라는 경계를 넘어선 자유로운 인식을 강조했지요. 끊임없이 스마트폰을 확인하고 소셜미디어의 '좋아요'에 집착하는 현대인에게 장자는 "왜 그 작은 화면에 네 넓은 마음을 가두느냐?"고 물을지도 모릅니다.

욕망을 초월하는 행위, 결과에 집착하지 말라! — 힌두교

힌두교의 주요 경전인 《바가바드 기타(Bhagavad Gita)》는 욕망 없는 행위(니슈카마 카르마, Nishkama Karma)의 중요성을 강조합니다. "행동은 하되 결과에 집착하지 말라"는 가르침입니다. 무언가를 하면서 끊임없이 '이걸 하면 나한테 뭐가 돌아오지?' 계산하는 순간, 우리는 이미 그 일에 휘둘리고 맙니다. 반대로, 자신의 역할(다르마, Dharma) 그 자체에 집중하면 마음은 오히려 자유로워진다고 합니다.

봉사활동을 하면서 '좋은 일 했으니 칭찬받겠지'라고 기대하면, 타인의 칭찬이 없을 때 상처받고 억울해지기 쉽지요. 하지만 '내가 해야 할 일이라서 하는 거야'는 자세는 외부 평가에 흔들리지 않고 내면의 평정과 집중을 유지하는 데 훨씬 효과적입니다.

욕망은 성취하는 동시에 새로운 형태로 재탄생합니다. 어떤 일을 해내고 나면 뿌듯함도 잠시, 곧 더 큰 목표나 비교가 따라오죠. "작년엔 월급 올랐으니, 올해는 승진해야지", "책 한 권 냈으니, 다음엔 베스트셀러를 노려볼까?" 이런 식으로 욕망은 끝없이 조건을 바꿔가며 '지금 이 순간'의 만족을 유예시킵니다. 《바가바드 기타》는 바로 이 반복적 욕망의 고리를 끊는 내면의 독립성을 강조합니다.

    이 가르침은 무기력하게 현실을 받아들이라는 내용이 아닙니다. 오히려 더 능동적으로, 하지만 흔들림 없이 행동하라는 제안입니다. 강물이 바위를 만나도 부서지지 않고 흘러가듯, 우리는 삶의 한가운데에서 욕망의 소음을 들으면서도 중심을 잃지 않을 수 있습니다. 이것이야말로 단순한 철학이 아니라 현대적 자기 조절과 감정 관리의 실천 기술입니다.

⟨3⟩
내 안에서 나 대신 결정하는 뇌의 배우들

충동은 단순한 기분이 아닙니다. 그것은 뇌 속 수많은 '배우'들이 각자의 대사를 외치며 벌이는 정교한 연극입니다. 이제 충동이라는 무대 위에서 열연 중인 뇌의 주요 구조들과 뇌 호르몬들을 살펴봅시다. 누가 먼저 반응하고, 누가 브레이크를 걸며, 누가 보상을 예고하는지… 그 숨겨진 시나리오를 하나씩 들춰보겠습니다.

감정을 믹싱하는 본능의 DJ, 편도체

편도체(Amygdala)는 뇌 속 감정의 DJ입니다. 어떤 자극이 감지되면 곧장 "위험해! 지금 당장 반응해!" 외치며 파티를 시작하죠. 고대엔 뱀이나 맹수 같은 진짜 위험을 피하게 해줬던 이 기능은 현대 생활 속에서도 쉴 새 없이 작동합니다.

그 결과는 어떨까요? 배고프면 "지금 당장 뭐라도 먹어!"라고 외치고, 화가 나면 "지금 당장 말해! 소리 질러!"라고 우리를 부추기죠. 마치 감정의 볼륨을 최대로 높이는 스피커처럼 작동하며, 이성적으로 생각하는 전전두엽보다 훨씬 먼저 반응해 우리를 충동적으로 행동하게 만듭니다. "생각은 나중에 하고 일단 행동부터!"라는 식입니다.

그런데 이 DJ, 부정적인 감정만 틀지는 않아요. 기쁨이나 기대감 같은 신나는 곡도 잘 섞어줍니다. '한정판 신발 출시!' 알림에 심장이 두근거리고 "넷플릭스 딱 한 편만 보자" 했다가 새벽 3시까지 정주행하게 되는 건, 편도체가 보상 감정까지 열정적으로 띄워주기 때문이죠. 우리 뇌 속의 DJ는 위험뿐 아니라 즐거움에도 춤추게 합니다.[1]

이런 편도체의 습성은 우리를 곤란하게도 만들지만 잘 이해하면 오히려 도움이 됩니다. 감정이 올라오는 걸 억지로 막으려 애쓰는 대신, 그 감정을 인식하고 반 템포 늦추는 것이 중요해요. 예컨대 충동구매하고 싶을 땐 '이건 편도체가 나 대신 신나게 음악 틀고 있는 중이야'라고 생각해보세요. 그 인식 하나만으로도 전전두엽이 개입할 기회를 빌 수 있어요. DJ가 아무리 신나게 음악을 틀어도, 춤을 출지 말지는 결국 내가 선택할 수 있습니다.

현명하지만 느린 심판관, 전전두엽

전전두엽(Prefrontal Cortex)은 뇌의 늙은 선생님 같은 존재입니다. "잠깐만, 차분히 생각해보자. 그렇게 하면 장기적으로 어떤 결과가 나타날까?"라며 충동을 억제하려 하지만 너무 느립니다. 편도체가 "지금 당장 질러!" 소리칠 때 전전두엽은 아직 교과서를 꺼내고 있는 중이죠.

전전두엽이 왜 충동 조절에 중요할까요? 세 가지 핵심적인 일을 하는 부위이기 때문입니다. 첫째, 지금 당장 필요한 정보를 기억하는 작업 기억을 담당합니다. '이 초콜릿 케이크를 먹으면 다이어트 계획이 망가진다'는 사실을 기억하는 거죠. 둘째, 장기 목표를 향해 행동을 계획합니다. '다음 달 휴가에 갈 바닷가에서 멋지게 보이려면 지금은 참자' 같은 생각 말입니다. 셋째, 부적절한 행동을 멈추는 브레이크 역할을 해요. '지금 이 명품 가방 사고 싶어도, 월세부터 내야 해'라고 속삭이죠.

그런데 스트레스나 피로가 쌓이면 전전두엽은 제대로 작동하지 않습니다. 스트레스 호르몬인 코르티솔이 전전두엽의 뉴런 활동을 억제해, 배터리가 방전된 노트북처럼 작동이 느려지지요. 늦은 밤 지친 몸으로 퇴근해 '맥주 한 잔 마실까?'라는 충동에 '안 돼! 내일 아침에 중요한 미팅 있잖아!'라고 외칠 힘이 없는 이유도 전전두엽이 지쳐 임시 휴가를 떠난 탓입니다.

연구에 따르면, 청소년기는 전전두엽이 아직 발달 중이기 때문에 충동 조절이 특히 어렵다고 합니다.[2] 학창 시절 시험 전날 '공부해야 하는데…' 생각하면서도 친구들과 밤새 게임하거나, "뛰면 안 된다"는 경고를 여러 번 들어도 학교 복도를 질주했던 이유가 여기에 있지요. 충동은 단지 성격의 문제가 아니라, 아직 정비되지 않은 뇌 구조에서 비롯된 자연스러운 반응일 수 있습니다.

보상의 예언자, 도파민

도파민(Dopamine)은 뇌의 달콤한 유혹자예요. "이거 하면 엄청 기분 좋아! 한 번만 해봐!"라며 우리에게 보상을 약속하죠. SNS에서 '좋아요'를 받거나 "오늘만 90% 할인!" 같은 광고를 보면 도파민은 "당장 확인해야지! 놓치면 안 돼!"라며 들뜬 춤을 춥니다.

최신 신경과학 연구는 도파민이 단순한 '쾌락 신경물질'이 아니라 '예측 오류(Prediction Error)' 신호임을 밝혔습니다.[3] 도파민은 중뇌-변연계 경로(Mesolimbic Pathway)라는 보상 고속도로를 따라 흐릅니다. 예상보다 더 좋은 결과가 나오면 이 경로를 통해 도파민이 팡팡 터지듯 분비되고, 그 경험을 반복하게 만들지요. 슬롯머신에서 예상치 못한 잭팟이 터졌을 때 "와! 한 번 더!" 외치게 되는 것과 같아요. 그래서 새벽 3시까지 "딱 한 편만 더" 하며 넷플릭스에 빠지거나, '좋아요' 하나에 심장이 쿵쾅대며 소셜미디어를 놓지 못하는 것입니다.

문제는 도파민이 단기 쾌락에만 열광한다는 점입니다. "운동하면 1년 뒤 건강해져" 같은 장기 목표에는 무관심하고 "지금 치킨과 맥주 먹으면 천국일 것 같아!" 같은 즉석 보상에만 휘파람을 불며 반응하죠. 이런 도파민의 성격 때문에 지연된 만족을 요구하는 건강한 습관을 형성하기는 사실상 매우 어려워 보입니다.

도파민은 단순히 도박이나 쇼핑 같은 '특정 중독'에만 반응하지 않습니다. 알림이 울린 스마트폰을 무심코 확인할 때, 일하다 말고 유튜브에 손이 갈 때, 식사 직후 디저트를 찾을 때, 그 모든 순간에 도파민은 조용히 속삭입니다. "그거 해도 돼. 잠깐이잖아." 하지만 이 '잠깐의 유혹'이 반복되면 뇌는 그 경로에 익숙해지고, 결국 우리 행동은 도파민이 만든 길 위를 자동으로 따라갑니다. 충동은 어느 날 갑자기 폭발하는 것이 아니라, 도파민이 매일 조금씩 우리를 이끌며 만들어내는 결과입니다.

충동을 진정시키는 명상가, 세로토닌

세로토닌(Serotonin)은 뇌 안의 평화주의자입니다. 전전두엽과 편도체 간 균형을 조절하는 세로토닌이 부족해지면 짜증과 충동이 폭주하고 불안과 우울도 증가합니다. 다이어트로 탄수화물을 갑자기 확 끊으면 아무것도 즐겁지 않고 우울하며 무기력해지는 이유도 세로토닌이 급감했기 때문이에요.

세로토닌이 단순한 '행복 물질'이 아니라 인내와 장기적 만족을 촉진하는 복잡한 역할을 한다는 연구 결과도 있습니다. 한 연구에 따르면, 세로토닌은 전전두엽을 활성화해 '지금 당장 작은 초콜릿 하나' 대신 '조금 기다렸다가 큰 초콜릿 세 개'를 선택하는 지연된 만족 능력을 키웁니다.[4] "깊게 호흡하고 침착하게 기다려봐"라고 가르치는 현명한 선생님 같습니다.

세로토닌은 도파민과 균형을 이루며 작동합니다. 도파민이 "지금 당장 질러!" 외칠 때 세로토닌은 "잠깐만, 진정하고 큰 그림을 봐"라고 조언하는 역할을 맡아요. 이 균형이 깨지면 충동구매, 폭식, 중독 등이 춤추듯 나타납니다.

세로토닌은 단순한 기분 조절 물질이 아니라, 자제력과 평정심을 유지하는 데 필요한 핵심 조율자입니다. 그런데 스트레스, 수면 부족, 영양 불균형 같은 생활 습관은 이 세로토닌의 균형을 무너뜨립니다. 우리가 가장 충동에 휘둘릴 때는 단지 '의지력이 부족'해서가 아니라, 뇌 안의 균형자 세로토닌이 지쳐 쓰러진 상태일지도 모릅니다. 그러니 자신을 탓하기보다 밖에 나가 햇빛을 쬐고, 규칙적으로 활동하며, 제대로 쉬어주는 것이야말로 진정한 자제력 회복의 출발점입니다.

위기 상황에 사이렌을 울리는 경보 요원, 노르에피네프린

노르에피네프린(Norepinephrine)은 스트레스 상황에서 "빨리 결정해! 지금 당장!"을 외칩니다. 시험 전 '다 포기할까? 그냥 도망갈까?'라는 충동이나, 상사 앞에서 '저 말도 안 되는 지시에 한마디 해야 하나?'라는 생각이 드는 이유는 이 신경전달물질 때문이지요.

노르에피네프린은 특히 '투쟁-도피 반응(Fight-or-Flight Response)'에서 중요한 역할을 합니다. 뇌의 경보 센터인 시상하부가 이상 상황을 감지하면, 몸 전체에 명령을 보내는 스트레스 방송 시스템이 작동해요. 스트레스를 감지한 뇌는 청반(locus coeruleus)이라는 곳에서 노르에피네프린을 분비해 각성과 경계를 올리고, 동시에 부신은 말초에서 같은 물질을 분비해 신체를 전투 또는 도피에 적합한 상태로 바꿔줍니다. 시험 전날 심장이 쿵쾅거리거나 발표 전 손바닥에 땀이 나는 것도 이 시스템 때문이에요. 뇌가 "비상! 비상! 즉각 대응하라!"고 외치는 것이죠.

그런데 이 시스템이 너무 자주 켜지고 오래 지속되면 뇌는 점점 '늘 긴장 상태'를 기본값처럼 받아들이게 됩니다. 이는 전전두엽의 억제 기능을 약화시켜 충동적 의사결정을 부추기지요.[5] 그렇게 되면 사소한 일에도 쉽게 흥분하거나 감정 기복이 심해지고 조급하게 결정합니다. 스트레스에 오래 노출된 사람이 충동적 소비나 폭식을 반복하는 이유는, 일상 속 스트레스를 진짜 위기 상황으로 착각한 뇌가 충동적인 행동을 계속 재촉하기 때문입니다.

대단한 명상이나 거창한 휴식만 노르에피네프린을 조절할 수 있는 것은 아닙니다. 5분간 조용히 눈을 감고 숨을 깊게 들이마셔도 뇌는 "아, 지금은 도망치지 않아도 되는구나"라고 인식하기 시작합니다.[6] 규칙적인 수면, 온수 샤워, 자연 속 산책 같은 소소한 습관들이 뇌의 비상 시스템을 꺼주는 스위치가 될 수 있습니다.

결국 충동은 의지로 이기는 싸움이 아니라 흥분한 뇌를 진정시키는 환경을 만드는 작업입니다. 진짜 싸움은 머리보다 뇌 속 신경물질과 먼저 벌어지고 있는 셈이죠.

포옹의 마법사, 관계의 접착제 옥시토신

흔히 '사랑의 호르몬' 또는 '포옹 호르몬'으로 불리는 옥시토신(Oxytocin)은 사회적 유대와 충동 조절에 중요한 역할을 합니다. 옥시토신은 신뢰, 공감, 유대감을 증진시키는 한편, 스트레스와 불안을 마법처럼 줄여줍니다. 마치 따뜻한 담요를 덮어주듯 마음을 편안하게 만들어주죠.

최신 연구 결과에 따르면, 옥시토신은 편도체의 과활성을 억제하고 전전두엽의 조절 능력을 강화함으로써 충동 조절에 도움을 준다고 합니다.[7] 그래서 사랑하는 사람들과 함께 있으면 스트레스에 더 강해지고, 충동적 결정을 덜 내릴 수 있어요. 친구와 함께 쇼핑하면 혼자일 때보다 현명한 구매 결정을 내리는 경향이 있습니다.

하지만 옥시토신의 마법이 언제나 긍정적으로만 작용하는 것은 아닙니다. 흥미롭게도, 옥시토신은 '내집단'에 대한 유대감을 강화하는 동시에 '외집단'에 대한 방어적인 반응을 키울 수 있습니다.[8] "우리 가족은 최고야!"라며 서로 더 끈끈하게 뭉치는 동시에 "우리 가족을 비판하는 사람은 용납 못 해!"처럼 외부에는 날을 세우는 식이죠.[9] 결국 뇌의 신경물질도 양날의 검입니다. 현대적 맥락에서는 소셜미디어가 이런 효과를 증폭시킬 수 있어요. '좋아요'나 지지 댓글이 내집단의 결속을 강화하며 충동적 반응을 줄이는 긍정적인 면도 있지만, 반대로 외집단에 대한 배척과 과민 반응을 부추기기도 합니다.[10]

그렇다면 어떻게 해야 이 양날의 검을 효과적으로 다룰 수 있을까요? 옥시토신은 사랑하는 사람과의 행복한 순간에 자연스럽게 분비되며, 그때마다 우리를 더 차분하고 이성적으로 만들어줍니다. 친구와의 대화, 가족과의 포옹, 심지어 반려동물과의 눈맞춤 같은 작은 행동들이 스트레스를 줄이고 충동을 누그러뜨리는 데 도움이 되지요. 결국 인간은 자기 의지만으로 충동을 다스리는 것이 아니라, 관계 속에서 뇌를 조절하며 살아가는 존재입니다.

⟨4⟩
진짜 내 선택이 시작되는 곳

우리의 뇌는 매일 수많은 선택과 충동 속에서 움직입니다. 어떤 순간은 이성적으로 고민하고, 어떤 순간은 본능에 속수무책으로 끌려가지요. 뇌가 결정을 내리고 충동을 다루는 방식이 어떻게 작동하는지, 감정과 의지, 보상이 얽힌 그 과정을 하나씩 풀어봅시다.

결정은 몸이 먼저 안다 — 감정 뇌 이론

뇌과학자 안토니오 다마지오는 "감정이 없으면 결정도 할 수 없다"고 주장합니다. 우리는 흔히 "이성적으로 생각해"라고 말하지만, 실제로는 감정이 있어야 이성적 판단도 가능하다고 합니다. 그의 책《데

카르트의 착오》는 제목부터 도발적입니다. "나는 생각한다, 고로 존재한다"는 말로 유명한 데카르트에게 "아니요, 감정 없이 생각만으로는 아무것도 할 수 없습니다"라고 정면으로 반박합니다.

다마지오는 감정은 단지 기분이나 감상의 문제가 아니라 결정의 나침반이라고 말합니다. GPS가 없는 상태에서 낯선 도시를 운전하는 것처럼, 감정이 없으면 우리 뇌는 어떤 선택이 더 나은지 방향을 잡지 못한다는 의미입니다. "샐러드 먹을까, 피자 먹을까?" 같은 단순한 선택조차 내리지 못하는 것이죠.

실제로 엘리엇이라는 한 남성의 사례는 이 이론을 아주 극적으로 보여줍니다. 뇌 수술로 감정 관련 부위가 손상된 이후, 엘리엇은 겉보기엔 멀쩡했지만 아무것도 결정하지 못하는 사람이 되었습니다. 점심 메뉴 하나 고르는 데도 몇 시간이 걸렸고, 중요한 업무는 시작조차 하지 못했어요. 이유는 단 하나, 감정이 사라졌기 때문입니다.

다마지오는 이를 '몸의 신호' 덕분이라고 설명합니다. 특정 상황에서 심장이 쿵쾅거린다거나, 손에 땀이 나거나, 두근거리는 등의 신체 반응이 "이건 중요한 상황이야"라고 뇌에게 알려주는 역할을 한다는 말입니다. 이런 감각이 있어야 뇌가 "좋아, 그럼 이쪽이 낫겠군" 판단하며 결정을 내릴 수 있다고 합니다.

결국 이성은 감정 없이 작동할 수 없습니다. 감정은 단순한 기분이 아니라, 뇌가 길을 찾는 데 꼭 필요한 이정표 역할을 합니다. 중요한 결정을 내리려 할 때 '이성적으로 생각하자'면서도, 실제로 우리 뇌는 '이게 더 좋을 것 같은데?'라는 몸과 마음의 느낌을 따르고 있었던 셈이죠. 그러니 충동을 다스리려면 이 감정이라는 이정표가 우리를 어디로 이끄는지부터 알아야 합니다.

빠른 충동과 느린 이성의 줄다리기 — 듀얼 프로세스 이론

결정을 내릴 때, 우리 뇌에서는 두 가지 스타일의 사고가 서로 맞붙습니다. 노벨상 수상자 다니엘 카너먼은 《생각에 관한 생각》에서 이를 '시스템 1'과 '시스템 2'라고 명명합니다. 빠르고 직관적 사고인 시스템 1은 속도를 중시하는 레이싱카처럼 눈 깜짝할 사이에 반응을 내뱉습니다. 시스템 2는 느리고 신중한 사고로, 한 발짝 물러서서 상황을 꼼꼼히 따져보는 조용한 전략가 같습니다.

이 둘은 우리가 앞서 살펴본 편도체와 전전두엽의 작전을 더 큰 그림으로 보여주는 개념입니다. 시스템 1은 편도체처럼 즉각적인 충동을 몰고 오죠. "치킨 냄새 좋다!" 하며 곧장 주문 버튼을 누르는 식입니다. 반면 시스템 2는 전전두엽처럼 "잠깐, 배 안 고픈데 괜히 먹는 거 아냐?"라며 브레이크를 걸려 합니다. 문제는 이 경주에서 늘 자동차가 전략가보다 앞선다는 점입니다.

시스템 2는 왜 계속 뒤처질까요? 단순히 느려서가 아니에요. 신중하게 생각하려면 뇌 에너지가 꽤 많이 필요하기 때문입니다. 하루 종일 일하고 피곤한 날, 시스템 2는 "이제 좀 쉬자…"며 손을 놓고, 시스템 1이 "과자 먹자, SNS 보자!"며 운전대를 잡아요. 그래서 밤늦게 소파에 늘어져 휴대폰만 붙잡고 있는 겁니다.

이 경주의 승자를 바꾸려면 어떻게 해야 할까요? 시스템 2가 힘을 내도록 타이밍을 잘 맞추는 일이 가장 중요합니다. 충분히 자고, 제대로 먹고, 몸을 적당히 움직여 잠시 숨을 고르며 머리를 맑게 하면 전략가가 제대로 활동할 수 있습니다. 공복일 때 마트에 가면 금세 카트를 가득 채우지만, 식사 후에는 '이게 정말 필요한가?' 한 번 더 생각하고 고르잖아요.

뇌 속의 자동차와 전략가는 둘 다 필요합니다. 위급 상황에서는 시스템 1이 빛을 발하고, 큰 결정을 앞두고는 시스템 2가 활약해야 하니까요. 중요한 사실은, 이 둘이 언제 튀어나오는지 파악하여 필요할 때 전략가를 깨우는 습관을 들이는 것입니다. 충동을 다스리는 비결은 의지가 아니라 뇌의 리듬을 읽는 기술이라는 사실, 잊지 마세요!

참을수록 닳는다? — 자아 고갈 이론과 의지력 배터리

의지력은 배터리와 비슷합니다. 뭔가를 꾹 참고, 유혹을 뿌리치고, 감정을 억누를 때마다 이 배터리는 조금씩 닳아갑니다. 심리학자 로이 바우마이스터는 이 개념을 '자아 고갈 이론'이라고 합니다.[11] 낮에 과자 참기, 화내고 싶은 순간 침묵하기, 해야 할 일 미루지 않기 등의 자기 조절 행동들 모두 이 배터리를 소모하지요.

그래서 하루 종일 열심히 버티고 난 저녁이면 "몰라, 그냥 먹을래" 같은 말이 더 자주 튀어나옵니다. 낮에는 군것질 않고 잘 참다가도 밤이 되면 냉장고를 열고 "오늘만 좀 먹자"며 뒤적이는 이유는 배터리가 거의 바닥났기 때문이에요. 그러니 하루가 끝날 무렵에는 참아왔던 모든 것이 한꺼번에 무너질 수도 있지요.

하지만 최근에는 정말 배터리가 다해서 그런 건지 의문을 제기하는 연구가 등장했습니다. '의지력이 고갈됐다고 믿는 것'만으로도 실제로 지친다고 해요. 반대로 '아직은 버틸 수 있다'고 믿으면 정말 더 참을 수 있다는 실험 결과도 있습니다. 이처럼 의지력은 물리적 에너지인 동시에 심리적인 믿음이 작동하는 '기분의 배터리'이기도 합니다.[12]

'나는 집중력이 부족해서 포기가 빠르다'고 믿는 사람은 진짜 그렇게 행동하고, 반대로 '조금만 더 버티면 좋아질 거야'라고 생각하는 사람은 더 오래 집중합니다. '오늘은 컨디션이 좋아서 뭐든 할 수 있을 것 같아'라고 느끼면 정말 더 힘을 낼 수 있다고 해요. 자기 통제력이 '자기 암시'에 영향을 받는다는 사실, 꽤 흥미롭지 않나요?

그러니 이제 충동이 몰려오면 "내 의지는 바닥 났어" 대신 "아직 조금 더 쓸 수 있어"라고 속삭여보세요. 완전히 고갈된 줄 알았던 에너지가 다시 살아날지도 모릅니다. 우리가 어떤 믿음을 갖고 있느냐에 따라, 뇌도 그에 맞춰 반응하니까요. 배터리를 교체하기는 어려워도 그것에 대한 '믿음'은 지금 당장 바꿀 수 있습니다.

쾌감은 어떻게 충동이 되는가? — 뇌의 보상 회로

우리 뇌는 기분 좋은 것을 찾고 반복하도록 설계되어 있습니다. 맛있는 음식을 먹거나, 칭찬을 받거나, 사랑하는 사람의 미소를 보면 기분이 좋아지죠. 이때 뇌 안에서는 '보상 회로'라는 시스템이 작동합니다. 이름처럼 우리에게 보상을 주는 일들을 기억하고, 다시 반복하도록 유도하는 시스템입니다.

보상 회로의 핵심은 '도파민'이라는 뇌 호르몬입니다. 뇌는 보상을 '받을 때'뿐 아니라 '예상할 때'도 도파민을 분비합니다. 그래서 어떤 일이 기대보다 즐거우면 도파민이 더 많이 나오고, 반대로 예상보다 덜 즐거우면 도파민도 줄어듭니다. 이 예상과 반응이 바로 우리가 어떤 행동을 반복하고, 어떤 행동을 피하게 만드는 뇌의 방식입니다.

중요한 건, 이 보상 회로는 단지 쾌락을 느끼는 데서 그치지 않고 충동을 유발한다는 사실입니다. 도파민은 단순히 '좋다'는 느낌만 주는 게 아니라 '다시 하자!'는 행동 동기를 만드는 물질이거든요. 쇼핑, SNS, 달달한 디저트, 술, 담배, 도박 등 우리가 "한 번만 더!"를 외치며 반복하는 모든 행동은 이 회로에서 신호를 받고 있지요.

문제는 현대 사회가 이 보상 회로를 지나치게 자극하는 환경이라는 점입니다. 자연에서는 드물게 주어졌던 보상이 이제는 몇 초 안에 스마트폰으로도 제공됩니다.[13] 하지만 아직도 오래전 원시 시대의 방식으로 작동하는 뇌 입장에서는, 작은 알림 하나에도 "지금 이거 해야 해!"라고 즉각 반응하게 되지요. 그렇게 충동은 행동으로 이어지고 때로는 습관으로 굳으며, 더 심해지면 중독으로 발전합니다.

보상 회로는 원래 생존을 돕는 유익한 시스템이었지만, 지금은 지나치게 많은 유혹이 넘쳐나는 세상에서 자제력을 시험하는 대표적 메커니즘이 되었습니다. 충동을 조절하고 싶다면 이 회로가 어떻게 작동하는지부터 이해해야 합니다. 보상 회로는 우리의 적이 아니라 방향을 알려주는 신호입니다. 거기에 끌려갈지, 이해하고 조율할지는 우리에게 달려 있지요.

⟨5⟩
멈추지 못할 때는
돌아오는 길을 만들라

◐

충동은 참아내야 하는 것이 아니라 이해하고 우회해야 할 뇌의 본능입니다. 충동을 억제하는 대신 이를 비껴갈 수 있는 전략들을 알아볼까요. 5초 멈춤, 호흡 조절, 메타인지, 환경 설계, 감정 일기, 마음챙김 훈련 등은 전전두엽이 개입할 수 있도록 '틈'을 만드는 방법입니다. 충동은 빠르고 강하지만, 뇌는 어떻게 반응하도록 설계하느냐에 따라 전혀 다른 선택을 내릴 수 있습니다. 때로는 맞대응보다 우회하는 것이 현명한 전략입니다.

5초 멈춤법 — 충동에 브레이크를 걸다

충동이 치솟을 때 5초만 멈춰보세요. '이거 꼭 지금 해야 해?' '정말 필요한 거야?' 자문하는 순간, 전전두엽이 마치 "나도 끼워줘. 내 얘기도 좀 들어봐"라고 말하듯 작동을 시작합니다. 세일 상품들을 보다가 '잠깐, 내 옷장은 이미 터질 듯 꽉 찼잖아'라는 생각이 든다면 절반은 성공한 셈입니다.

충동적 행동 전에 잠시 멈추고 '5-4-3-2-1'처럼 시간을 두는 행동은 전전두엽의 개입을 가능하게 만들어 충동 조절을 돕는다고 합니다.[14] 폭주기관차에 살짝 걸어주는 브레이크처럼, 이 짧은 지연이 이성적 사고가 개입할 수 있는 귀중한 틈을 만드는 것입니다. 카운트다운이 끝나기 전에 '이건 진짜 내게 필요하진 않군"이라는 자각이 찾아오기도 합니다.

이 방법은 매우 쉽고 간단해 곧바로 적용 가능하다는 강점이 있습니다. 온라인 쇼핑 카트에 물건을 담기 전, 분노에 가득찬 장문의 메시지를 보내기 전, 냉장고에서 세 번째 디저트를 꺼내기 전, 단 몇 초의 멈춤이 충동을 이성으로 돌려놓습니다. 충동은 빠르지만 5초의 멈춤이 그 속도를 꺾을 수 있어요.

이 짧은 멈춤은 단순한 지연이 아니라 감정과 행동 사이에 끼워넣는 '생각의 여백'입니다. 즉흥적 반응을 잠시 붙들어두는 이 공간에서 우리는 더 나은 선택의 가능성을 발견합니다. 이 작은 개입이야말로 충동이라는 급류에서 벗어나는 첫 노를 젓는 순간이지요.

숨이 먼저다 — 호흡으로 감정을 되돌리는 법

충동은 감정에서 시작되고 감정은 호흡과 함께 움직입니다. 우리가 분노하거나 불안을 느끼는 순간, 놀랍게도 가장 먼저 바뀌는 것은 '생각'이 아닌 '호흡'입니다. 숨이 얕아지고 가빠지며, 들숨보다 날숨이 줄어들지요. 이 짧고 빠른 호흡이 뇌에게 '지금은 위험한 상황'이라는 경고를 보내면, 곧 전전두엽이 기능을 줄이고 편도체가 지휘를 맡게 됩니다. 반대로, 숨을 바꾸면 뇌의 반응도 달라집니다. 호흡은 우리가 가장 빨리 조작할 수 있는 감정 조절 장치입니다.

가장 널리 사용되는 방법 중 하나가 '박스 호흡(Box Breathing)'입니다. 4초간 숨을 들이쉬고 4초간 멈추고, 4초 내쉬고 다시 4초 멈추는 이 네 단계 호흡은 단순하지만 강력합니다. 미국 특수부대의 스트레스 대응 훈련에도 활용되는 이 기법, 위기 상황에서 심리적 균형을 빠르게 회복하는 데 효과적이지요. 교감신경은 신체를 긴장시키고 위기 대응 상태로 몰아가는 자율신경이며, 부교감신경은 이를 진정시키고 안정을 회복하게 합니다. 박스 호흡은 교감신경의 흥분을 낮추고, 부교감신

경을 활성화해 전전두엽의 기능을 회복시키고 충동 반응을 줄이는 데 도움을 줍니다.[15]

여기서 중요한 포인트는 '호흡을 컨트롤하는 것'이 아니라 '호흡에 집중하는 것'입니다. 박스 호흡의 핵심은 단지 숨을 일정하게 쉬는 것이 아니라, 그 과정에 완전히 '주의'를 집중함으로써 현재의 몸과 감정 상태를 관찰하는 것입니다. 이때 뇌는 생존 모드에서 인식 모드로 전환되고, 충동은 더는 자동 반응이 아닌 선택 가능한 감정으로 인식됩니다. 단 몇 분의 호흡 훈련만으로도 뇌의 반응 패턴이 달라집니다.

실제로 박스 호흡을 하루 3~5분씩만 꾸준히 연습해도 스트레스 민감도와 충동적 행동 빈도가 낮아졌다는 연구들이 있습니다.[16] 위기 순간에만 하지 말고 평소에도 루틴처럼 연습해두는 것이 중요합니다. 호흡을 다룰 줄 아는 사람은 감정에 쉽게 휘둘리지 않습니다. 숨을 고른다는 건 생리적인 평정을 넘어서, 감정이라는 파도 앞에서 방향키를 단단히 잡는 일입니다.

의지 말고 위치를 바꾸라 — 뇌를 속이는 환경 설계법

환경을 바꾸는 행동은 단순히 깔끔함이나 정리를 위해서가 아닙니다. 충동을 다스리는 똑똑한 방법이지요. 뇌는 놀라울 정도로 게을러서 안 보이면 안 떠올리고, 어렵게 느껴지면 아예 하지 않는 방향으로 움직입니다. 이 본능을 이용하는 것이 환경 설계의 핵심 전략입니다.

환경설계(Environmental Design)는 행동경제학에서 말하는 '넛지(Nudge)' 원리와 맞닿아 있습니다. 바람직한 행동은 미끄럼틀처럼 쉽게, 해롭거나 충동적인 행동은 오르막처럼 힘들게 만들어주는 방식입니다. 의지력이라는 불안정한 자원에 의존하기보다는, 환경 자체가 이미 결정을 내려주는 구조를 만드는 것입니다. 뇌는 고민을 줄일수록 좋아하기 때문에 이 방식은 매우 효율적이지요.

스마트폰 알림을 꺼두거나, 앱 아이콘을 홈 화면에서 감추거나, 신용카드를 지갑 뒤쪽에 숨겨두는 등의 조치만으로도 충동적 행동은 크게 줄어듭니다. 넷플릭스를 줄이고 싶다면 TV 리모컨을 서랍에 넣고, 읽고 싶은 책은 눈에 잘 보이는 곳에 두세요. 심리학자 브라이언 완싱크의 실험에 따르면, 사탕을 투명한 그릇에 담았을 때보다 불투명한 그릇에 담았을 때 40% 적게 먹었다고 합니다.[17] 시각 자극이 줄어들면 뇌는 굳이 그것을 떠올리지 않습니다.

충동은 빠르게 반응하지만, 애초에 출발선을 없애면 싸울 필요조차 사라집니다. 가장 현명한 싸움은 애초에 싸우지 않아도 되게끔 만드는 것입니다.

메타인지의 힘 — 한 발 물러서서 마음 들여다보기

충동을 조절하는 핵심 능력 중 하나는 메타인지입니다. '생각에 대한 생각', 즉 자신이 무엇을 느끼고 어떤 판단을 내리려는지를 한 발짝 떨어져 관찰하는 능력이지요. 자신의 뇌를 마치 CCTV처럼 바라보는 것입니다. 충동에 휩쓸릴 때 '지금 내가 충동에 이끌리고 있나?' 자문한다면 이미 절반은 이긴 셈입니다. 이 한 걸음의 거리, 이 인식의 틈이 전전두엽을 활성화하고 감정에 휘둘리지 않을 수 있는 첫 단서가 됩니다.[17]

화가 솟구칠 때 '지금 나는 왜 화가 났지?' '이 감정은 어디서부터 시작됐을까?' 자문하기만 해도 반응은 달라집니다. 배고픔이라는 감정이 사실은 스트레스에서 비롯되었는지, 아니면 정말 배가 고픈 건지 살펴보는 것도 마찬가지입니다. 메타인지는 충동을 없애는 기술이 아니라 충동을 볼 수 있는 자리로 올라가는 기술입니다. 친구와 갈등 중이라면 '내가 과민하게 반응하는 걸까, 아니면 정말 상처받은 걸까?'라고 되묻는 순간, 소리 지르기 대신 "나는 이런 기분이야"라며 대화를 시작할 수 있습니다.

이런 능력은 타고나는 것이 아니라 훈련으로 길러집니다.[18] 가장 좋은 연습법은 '충동 로그' 작성입니다. 언제 어떤 감정에서 어떤 행동을 했는지, 그 전후 기분은 어땠는지 짧게라도 적어두면 반복되는 기록을 통해 고유한 충동 패턴을 발견할 수 있습니다. "나는 업무 압박을 받은 날엔 꼭 늦은 밤까지 인터넷 쇼핑을 하는군", "사람들과 부대낀 날에는 단것을 찾는 경향이 있네" 등의 인식은 단순한 후회 이상의 힘을 가집니다. 충동이 언제, 어떤 상황에서 일어나는지 예측할 수 있게 되기 때문입니다.

메타인지는 충동을 억누르는 힘이 아니라, 제3자의 눈으로 충동을 바라보는 관점입니다. 이 관점을 가질 수 있다면 충동은 이제 주인공이 아닌 조연으로 물러납니다. 우리가 할 일은 단지 무대 위에 오른 충동에게 질문을 던지는 것뿐입니다. "넌 누구니?" "왜 지금 나타났지?" "지금 꼭 너를 따라야 할까?" 이 질문들이 충동과의 거리감을 만들고, 그 사이에 이성이 들어설 공간이 생깁니다.

감정 일기 쓰기 — **충동의 화석 발굴하는 법**

감정 일기는 단순 기록이 아니라 충동의 근원을 추적하는 강력한 도구입니다. "오늘 화난 이유: 회의에서 내 아이디어가 무시됨→결과: 점심시간에 케이크 두 조각 폭식" 같은 구체적인 기록을 남기다 보면 "인정받지 못함→단것으로 위로"라는 개인적인 감정 방정식이 드러납니다. 이러한 기록은 자신도 몰랐던 감정과 행동의 연결고리를 의식할 수 있게 합니다.

메타인지가 현재의 자기 관찰이라면, 감정 일기는 시간의 패턴을 추적하는 '감정 고고학'입니다. 과거의 기록을 분석하다 보면 '퇴근 후 스트레스→단것' 혹은 '부모님과 통화 후→충동구매'처럼 반복되는 감정의 고리를 확인할 수 있습니다. 충동 억제 차원을 넘어 그 뿌리를 찾아내는 과정이지요. 감정의 뿌리를 발견하면 충동을 미리 예측하고 예방하기가 훨씬 용이합니다.

감정 일기의 또 다른 가치는 변화의 흐름을 눈으로 확인할 수 있다는 점입니다. "6개월 전에는 스트레스를 받을 때마다 술을 마셨는데, 요가를 시작한 후 그 빈도가 절반으로 줄었다"는 식의 기록은 자기 효능감을 높이고 지속적인 동기를 부여하는 자산이지요. 달라진 나를 스스로 확인할 수 있을 때, 더 나은 선택을 지속할 힘이 생깁니다.

연구에 따르면 감정 일기를 꾸준히 쓰는 것만으로도 스트레스 호르몬인 코르티솔 수치를 낮추고, 정서적 안정을 돕는 효과가 있습니다.[19] 감정을 글로 표현하는 과정은 뇌의 과부하를 줄여주며, 감정을 '저장'하기보다 '배출'함으로써 정신적 여유를 되찾을 수 있도록 돕습니다. 특히 감정 조절에 어려움을 느끼는 사람에게는 매우 유용한 자기 조절 도구입니다.

충동 위에 서는 법 — 마음챙김 훈련

마음챙김(Mindfulness)은 충동을 억누르거나 없애는 기술이 아닙니다. 충동을 있는 그대로 알아차리되, 거기에 휘둘리지 않고 머물 수 있는 내면의 거리를 만드는 훈련이지요. 파도에 맞서 저항하거나 휩쓸리지 않고, 그 위에서 균형을 잡고 서핑하는 것과 같습니다.

충동은 일시적이지만 휘말리지 않고 관찰할 수 있다면, 우리의 행동은 달라질 수 있습니다.

대표적인 마음챙김 실천법인 RAIN 기법[20]을 살펴봅시다.

R(Recognize): 충동 인식하기	"지금 초콜릿이 너무 먹고 싶다"
A(Allow): 충동 허용하기	"그래, 이건 자연스러운 충동이야"
I(Investigate): 충동 살펴보기	"왜 지금 먹고 싶지? 진짜 배고픈 걸까, 아니면 스트레스를 받아서일까?"
N(Non-identification): 충동과 자신 분리하기	"이 충동은 나 자체가 아니야. 그냥 하나의 현상일 뿐"

이러한 방식은 충동을 적으로 여기고 싸우는 것이 아니라, 충동을 신호로 받아들이고 이해하는 방향으로 나아갑니다. '나는 왜 이런 충동을 느끼는가?'라는 질문은 억제가 아닌 탐색이며, 감정의 근원에 대한

자각을 키워줍니다. 마음챙김 훈련은 편도체의 반응성을 줄이고 전전두엽의 조절 능력을 향상시켜 충동적 행동을 줄이는 데 기여합니다.[21]

불교 경전 《새띠빠타나 숫타(Satipatthana Sutta)》는 "느낌이 있을 때, 수행자는 '느낌이 있다'고 안다"고 말합니다. 이 단순한 문장은 마음챙김의 핵심을 정확히 관통합니다. 감정이나 충동에 휩쓸리지 않고, 그것을 단지 '있는 그대로 아는 것'만으로도 변화는 시작됩니다. 우리는 반응하는 대신 '관찰하는 자'로 설 수 있습니다.

일상의 작은 순간에도 마음챙김을 적용할 수 있습니다. 양치할 때, 커피 마실 때, 길을 걸을 때… 그 순간의 감각에 온전히 집중해보세요. 이런 '비공식 마음챙김'이 습관이 되면, 충동이 올라올 때도 자동 반응 대신 의식적인 선택을 할 수 있는 힘이 자연스럽게 생겨납니다. 마음챙김은 억제가 아닌 '공간'이며, 그 공간은 곧 자유입니다.

⟨6⟩
나를 바꾸려면 뇌 설계부터 다시!

의지력만으로 충동을 다스리기는 어렵습니다. 뇌의 신호가 지나치게 강하게 울리거나, 보상에 대한 반응이 꼬리를 물 때가 많기 때문이지요. 현대의학은 이러한 뇌의 구조적, 화학적 특성을 직접 조절하는 기술들을 발전시켜 왔습니다. 약물 치료부터 바이오피드백, 비침습적 뇌 자극까지. 우리는 뇌를 더 정밀하게 이해하고 개입할 수 있는 시대에 살고 있습니다. 여기서는 충동이라는 본능적 반응을 다시 설계하고, 더 건강한 방향으로 유도하는 현대의학의 다양한 기술들을 살펴봅시다.

욕망의 볼륨을 줄이다 — GLP-1이 만든 충동 조절의 신세계

GLP-1(Glucagon-like peptide-1) 수용체 작용제는 원래 제2형 당뇨병 치료제로 개발된 약물이었습니다. 하지만 이 약물이 식욕을 억제하고 포만감을 증대시킨다는 사실이 알려지면서 위고비(Wegovy), 마운자로(Mounjaro) 등으로 재탄생해 다이어트 약물의 대표 주자로 떠올랐습니다. 주목할 점은 이 약물이 단순한 체중 감량을 넘어, 충동 조절 능력 자체를 변화시킨다는 새로운 연구 결과들이 쏟아지고 있다는 사실입니다. 지금 이 약은 '식욕 억제제'를 넘어 '욕망 억제제'로 재정의되고 있습니다.[22-24]

이런 효과의 핵심은 도파민과 전전두엽에 대한 작용입니다. GLP-1 약물은 보상회로의 도파민 반응성을 낮추면서 즉각적 보상에 대한 매력을 줄입니다. 동시에 전전두엽의 자제력과 의사결정 능력을 높여, 충동이 올라와도 즉각 반응하지 않고 판단할 수 있는 시간을 벌어줍니다. 뇌 영상 연구에 따르면, GLP-1 약물 약물 투여 후 충동적 선택과 관련된 측좌핵의 활동이 줄어들고, 전전두엽의 조절 네트워크가 더 활발해졌습니다.[25, 26] 즉, 뇌의 욕망 회로가 물리적으로 '조용해진' 셈입니다.

이러한 신경학적 변화는 사회적 파장으로까지 이어졌습니다. 2023년, 위고비와 마운자로가 폭발적인 반응을 얻으면서 글로벌 소비

재 시장이 출렁였습니다. 초콜릿, 스낵, 아이스크림, 패스트푸드, 음료 같은 고칼로리 식품 기업들의 주가가 일제히 하락한 것이지요. "이 약을 맞으면 체중 감량뿐 아니라 단 음식이나 패스트푸드에 대한 끌림이 줄어든다"는 사용자 후기가 주류 소비 패턴의 변화를 암시했기 때문입니다. 한 증권 분석가는 'GLP-1은 인간의 욕망 구조 자체를 바꾸는 약'이라고 평했습니다.

이제 이 약물은 단순한 체중 감량을 넘어 알코올, 니코틴, 도박, 쇼핑 중독 등 다양한 충동 장애 치료로 확대 적용되고 있습니다. 초기 임상시험 결과 GLP-1 주사 후 자극적 보상에 대한 흥미가 줄어들고, 욕구 충족을 미루는 능력이 높아졌다는 보고가 이어지고 있습니다.[26] 이는 약물 치료의 패러다임이 의지력 보조에서 욕망 설계로 전환되고 있음을 나타냅니다.

물론 이 약이 모든 문제를 해결해주는 만능 비법은 아닙니다. 하지만 충동이라는 문제를 뇌의 회로 수준에서 조정할 수 있다는 가능성은 자기 조절의 패러다임을 근본적으로 바꿉니다. 과거에는 의지력과 결단이 자기 조절의 중심이었다면, 이제는 약물과 기술을 통한 신경 조정이 새로운 선택지로 떠올랐습니다. GLP-1이 만들어낸 이 '욕망의 신세계'는 뇌를 이해하고 우회하는 방식으로 충동과 싸우는 시대의 서막일지도 모릅니다.

충동의 물결을 다스리다 — 감정 폭주를 막는 뇌 호르몬 조절제

충동은 한순간 갑작스럽게 휘몰아치며, 우리는 그 파도에 휩쓸려 후회할 선택을 내리고는 합니다. 단순한 의지력만으로는 이런 감정의 급류를 통제하기 어려운 경우가 많습니다. 이때 뇌의 감정 조절 시스템을 안정시키는 약물은 중요한 역할을 합니다. 감정 폭주를 막고 전전두엽의 통제력을 회복하는 데 도움을 줍니다.

대표적으로 널리 사용되는 약물은 SSRI(Selective Serotonin Reuptake Inhibitor, 선택적 세로토닌 재흡수 억제제)입니다. 세로토닌이라는 '마음의 안정 호르몬'을 높여주는 역할을 하지요. 세로토닌이 충분하면 감정의 파도는 덜 요동치고 충동적인 선택도 줄어듭니다. 실제로 우울이나 불안과 함께 충동조절이 어려울 때 이 약물로 감정의 바닥을 안정시키면, 상황을 객관적으로 바라볼 여유가 생깁니다.

SNRI(Serotonin and Norepinephrine Reuptake Inhibitor, 세로토닌-노르에피네프린 재흡수 억제제) 또는 NDRI(Norepinephrine and Dopamine Reuptake Inhibitor, 노르에피네프린-도파민 재흡수 억제제) 계열 약물은 세로토닌 외에도 도파민과 노르에피네프린이라는 호르몬을 조절합니다. 도파민은 욕구와 동기, 노르에피네프린은 긴장과 집중에 관여하는 신경전달물질입니다. 이 균형이 무너지면 충동은 더 쉽게 터져 나오지만, 약물로 조율하면 뇌는 균형을 되찾은 조종석처럼 제대로 작동합니다. 특히 우울과 무기력이 섞인 충동에 효과적입니다.

ADHD(Attention Deficit Hyperactivity Disorder, 주의력결핍과잉행동장애) 치료제로 쓰이는 약물들도 충동 조절에 널리 사용됩니다. 대표적인 약물인 메틸페니데이트나 아토목세틴은 뇌의 '브레이크 시스템'을 강화하는 역할을 하지요. 전전두엽의 집중력과 자제력을 높여, 생각보다 먼저 튀어나오는 말이나 행동을 줄이는 데 도움을 주는 약물입니다. 한 박자 쉬고 생각할 수 있는 여유를 만들어주지요.

물론 이런 약물들이 모든 사람에게 반드시 필요한 것은 아니에요. 하지만 감정이 지나치게 흔들리고 의지로만 통제하기 어려운 상황일 때, 뇌의 회복을 위한 주요 도구가 될 수 있습니다. 감정을 억누르는 것이 아니라 감정의 균형을 회복하게 돕습니다. 이 약물들은 충동의 물결이 휩쓸기 전에, 그 깊은 흐름 아래서 조용히 방향을 전환하는 조타수입니다.

몸의 리듬을 다시 조율하다 — 바이오피드백으로 충동을 낮추는 기술

충동은 단지 의지력 부족이나 감정 문제로만 설명할 수 없습니다. 우리 몸의 생체 리듬, 특히 심장 박동, 호흡과 같은 자율신경계 기반 기능들은 충동성과 밀접하게 연결되어 있어요. 바이오피드백은 이러한 생리 신호를 실시간으로 감지하고 조절하는 기술로, 몸을 안정시킴으로써 뇌의 반응까지 바꾸는 전략입니다. 즉, 생각을 조정하기보다 먼저 신체 리듬을 되돌리는 방식입니다.

이런 접근의 대표적인 기술이 신경바이오피드백(Neurobiofeedback)입니다. 실시간 뇌파를 측정해 자신의 뇌 상태를 시각화하고, 훈련을 통해 스스로 조절하는 방식입니다. 특히 충동성 및 과잉 각성과 관련된 고주파 뇌파를 낮추는 데 효과적입니다. 20회기의 신경바이오피드백 훈련을 받은 ADHD 환자들이 충동성을 평균 30%가량 낮췄다는 연구 결과도 있습니다.[27] 뇌의 '자기 조절 근육'을 단련하여 감정이나 사고가 아닌 뇌파의 리듬 자체를 다루는 직접적 전략입니다.

심박 변이도(HRV: Heart Rate Variability) 바이오피드백은 뇌보다 몸에서 출발합니다. HRV는 심장 박동 간의 미세한 간격을 의미하는데, 이 간격이 클수록 자율신경계는 스트레스에 더 유연하게 반응하고 빠르게 회복합니다. HRV 훈련은 복식호흡과 피드백 장치를 통해 부교감신경계를 강화시키고, 전전두엽의 통제 능력을 회복시킵니다. 감정이 격해질수록 심장은 빨라지지만, 심장을 진정시키면 뇌의 흥분도도 가라앉지요. '뇌와 심장의 대화'를 최적화하는 이 방법은 충동 조절에 매우 강력한 효과를 발휘합니다.

바이오피드백 전략을 보완하는 접근으로 수면 최적화 전략이 있습니다. 수면 부족은 충동적 결정을 유도하는 대표 원인 중 하나로, 특히 서파 수면(Slow-Wave Sleep)은 전전두엽의 회복과 밀접하게 연관되어 있습니다. 뇌파 분석에 기반한 수면 리듬 조정은 단순한 피로 회복을 넘어, 충동적 사고를 줄이고 판단 능력을 지켜주는 '기본 공사' 역할을 합니다. 수면이 고르면 뇌의 선택은 흔들리지 않습니다.

바이오피드백은 뇌를 억지로 다루려는 방식이 아니라, 몸의 리듬을 바로잡음으로써 뇌가 스스로 조절력을 되찾도록 유도하는 전략입니다. 머리로는 멈출 수 없는 충동도, 몸의 리듬을 조율하면 달라질 수 있습니다. 느린 몸의 속도는 뇌를 안정시키는 가장 강력한 도구입니다.

뇌의 균형을 되찾다 — 신경모듈레이션이 여는 충동 조절의 미래

충동은 때때로 너무 깊이 뿌리내려 있어 단순한 의식이나 행동 수정만으로는 쉽게 통제되지 않습니다.

이럴 때 신경과학은 뇌의 회로를 직접 조율하는 방법을 제시합니다. 전기 신호를 통해 뇌의 특정 부위를 자극 혹은 억제하는 방식은 사고력과 감정 조절을 담당하는 전전두엽의 기능을 활성화하는 데 활용되지요. 이러한 신경모듈레이션 기법은 약물로 효과를 보지 못한 중독이나 충동 장애에서 유망한 대안으로 주목받고 있습니다.

경두개 직류 자극(tDCS, transcranial Direct Current Stimulation)은 매우 약한 전류를 두피로 흘려보내 뇌의 활성도를 조절하는 기술입니다. 충동 조절에 중요한 전전두엽 부위에 자극을 가하면, 이 영역의 신경세포 흥분성이 증가하면서 전전두엽의 억제 기능이 향상됩니다. 식욕 억제, 게임 중독, 약물 갈망 등의 감소 효과가 보고되었으며, 부작용이 거의 없어 비교적 부담 없이 사용할 수 있는 치료법입니다.[28] 뇌의 '조도 조절 장치' 역할을 한다고 볼 수 있지요.

또 다른 방식인 경두개 자기 자극(TMS, Transcranial Magnetic Stimulation)은 자기장을 이용해 뇌세포의 활동을 직접 자극하거나 억제하는 방법입니다. 특히 전전두엽 영역을 자극하면, 감정 폭발을 유도하는 편도체의 과활동을 누그러뜨리는 효과가 있습니다.[29] 최근 연구에서는 알코올 중독 환자에게 경두개 자기 자극을 적용한 결과, 10회기 치료 후 갈망 수준이 평균 35% 이상 감소한 것으로 나타났습니다.[30] 약물로도 잡기 어려운 갈망을 '자기장'으로 눌러주는 효과입니다.[31]

이러한 신경모듈레이션 기술은 뇌를 인위적으로 바꾸는 것이 아니라, 뇌가 본래 지닌 조절 능력이 재작동할 수 있도록 '작동 조건'을 정돈하는 방식입니다. 비유하자면 엉킨 실타래를 억지로 잡아당기기보다는, 매듭을 하나하나 천천히 풀어내며 원래 형태를 회복시키는 방식입니다. 아직은 전문 클리닉에서만 시도할 수 있는 치료지만, 앞으로는 개인화된 정신 건강 관리의 중요한 축이 될 가능성이 높습니다. 충동을 무조건 억누르는 대신, 뇌 스스로 균형을 회복하도록 돕는 기술이기 때문입니다.

⟨7⟩
충동과 함께 살아가는 나만의 방식이 필요하다

충동은 우리가 싸워 이겨야 할 나쁜 감정이 아닙니다. 뇌가 우리를 지키기 위해 아주 오래 전부터 구축해온 자동 반응 시스템입니다.

철학과 뇌과학은 각기 다른 언어로 이야기하지만, 결국 핵심은 같습니다. 충동을 억제하려 하기보다는 이해하고 조화롭게 다루는 것이지요. 거센 강물을 억지로 막으려는 대신 그 힘을 수력발전 에너지로 바꾸는 것과 비슷한 이치입니다.

서양 철학은 소크라테스의 자기 인식, 아리스토텔레스의 중용, 스피노자의 감정 이해를 통해, 충동 속에서 성장과 균형을 추구하는 방법을 밝힙니다. 동양 철학은 마음챙김과 절제, 무위자연의 태도를 통해, 억지로 감정을 조절하기보다 자연의 흐름 속에서 내면의 질서를 회복하는 길을 제시합니다.

현대 뇌과학은 이러한 철학적 통찰에 뇌호르몬과 뇌 회로라는 구체적 언어를 더합니다. 도파민, 세로토닌, 편도체, 전전두엽은 각각의 역할을 가진 내부 조율자로서 충동과 이성의 균형을 조절합니다. 감정 없는 이성은 무력하다는 안토니오 다마지오의 말처럼, 우리는 언제나 이성 위에 감정을 품은 존재로 살아갑니다.

이 장에서 소개한 전략들은 '나를 바꾸는 법'이 아니라 '나를 이해하고 설계하는 법'입니다. 충동을 제거하는 것이 아니라, 다양한 욕망과 성향이 공존할 수 있는 뇌의 환경을 조성하는 것이 핵심입니다. 니체의 말처럼 충동은 억제해야 할 문제가 아니라, 정제하고 방향을 전환할 수 있는 에너지입니다.

그러니 충동과 싸우기보다 그 힘과 협상하는 법을 익혀보세요. 완벽한 자기 통제가 아니라 뇌의 설계를 이해하고 자신에게 맞는 리듬을 만들어가는 것, 그것이야말로 진정한 자유의 출발점입니다.

충동의 작동 원리를 이해했으니 다음은 이를 적용하는 방법을 알아봅니다. 2장에서는 루틴과 충동 조절을 통해 자기 통제력을 높이는 전략을, 3장에서는 감정이 소비를 지배하는 메커니즘과 대응법을 다룹니다. 4장에서는 중독의 뇌 회로를 재설계하는 구체적 방법을, 5장에서는 부부 갈등 속 감정 통제를 위한 실전 기술을 소개합니다. 마지막 6장에서는 자녀교육에서 부모의 충동이 어떻게 개입하는지 살펴보고 건강한 양육을 위한 감정 조절 전략을 제안합니다.

이제 삶의 각 장면에서 충동을 다루는 구체적인 전략들을 하나씩 살펴봅시다.

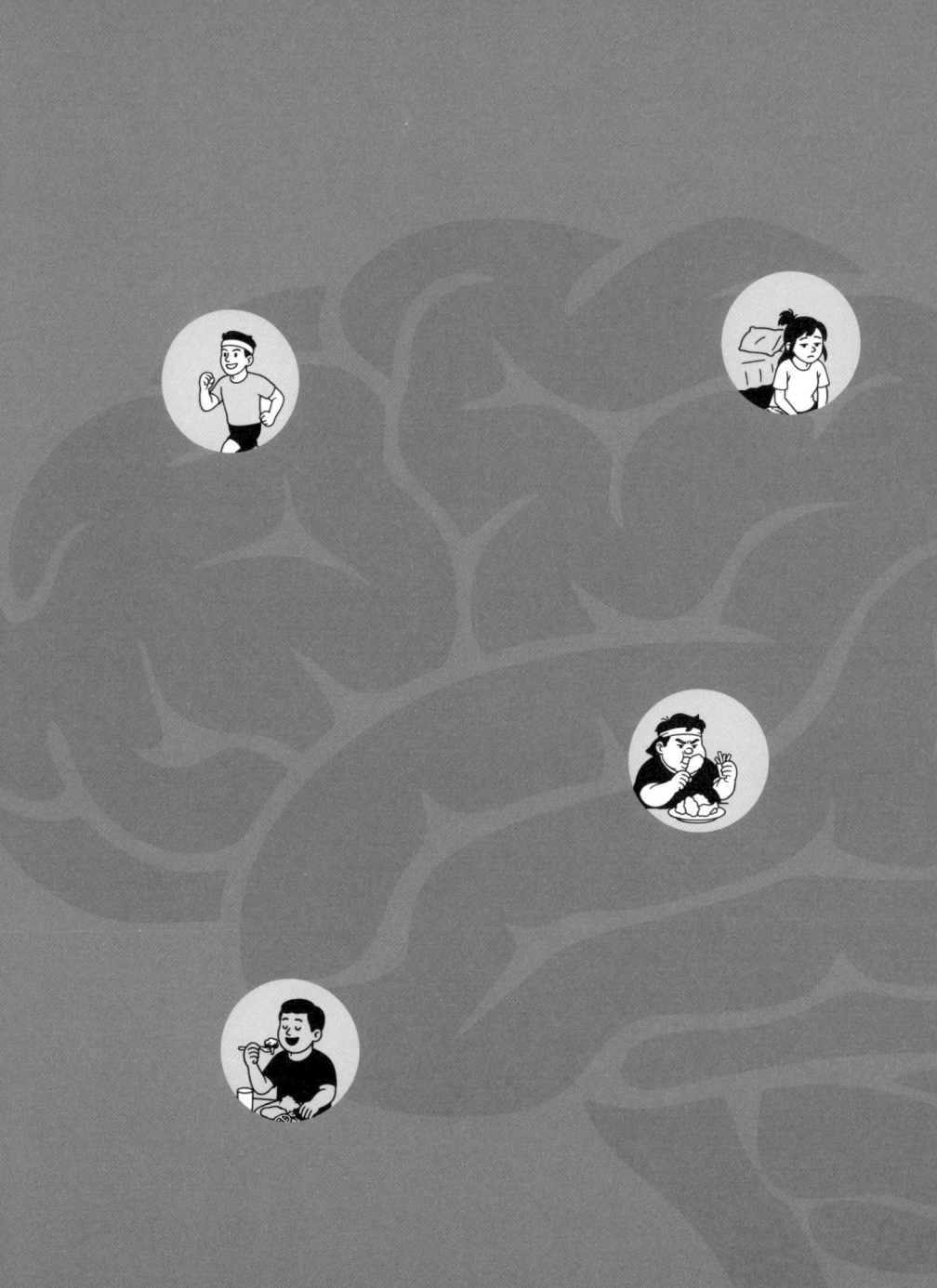

2장

작심삼일은 왜 반복될까?

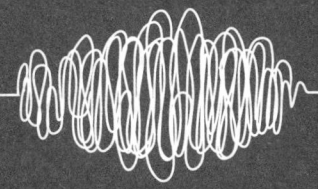

〈1〉
다짐은 쉬운데, 행동은 왜 이리 어려운가!

"오늘부터 건강해질 거야!" 다짐하지만 어느새 스마트폰을 붙잡고 치킨 배달 버튼을 누르고 있는 나, "운동 시작!"을 외쳤지만 소파에 붙들려 일어나지 못하는 상황, 한 번쯤은 겪어보셨죠?

자기 관리는 내면의 줄다리기와도 같아요. 한쪽에서는 '미래의 나'가 건강하고 규칙적인 생활을 염원하며 줄을 당기고, 다른 쪽에서는 '현재의 나'가 편안함과 즉각적 만족을 위해 잡아당깁니다. 우리는 매일 아침 "오늘은 달라질 거야!" 다짐하지만, 저녁이 되면 "내일부터는 진짜로 시작할게…"라며 이불 속으로 숨어듭니다. 이런 결심과 포기의 순환은 이제 너무 익숙해져 더는 새롭지도 않게 느껴집니다.

이 내면의 줄다리기에서 왜 '현재의 나'가 자주 승리할까요? 우리의 뇌는 에너지 절약과 즉각적 보상을 선호하도록 진화하고 설계되었기 때문입니다.[32] 석기 시대에는 당장의 위험을 피하고 바로 앞에 있는 음식을 먹어야 생존에 유리했습니다. '먼 미래를 위해 지금 고생하자'라는 생각은 굶어 죽을 수도 있는 위험한 전략이었죠. 이런 뇌의 설계는 수백만 년간 이어져왔지만, 지금의 우리는 완전히 다른 환경에서 살고 있습니다.

현대 사회는 자기 관리를 강조하는 동시에 그것을 무너뜨리려는 유혹으로 가득합니다. 스마트폰은 24시간 도파민을 공급하며 충동을 부추기고, 소셜미디어는 끊임없는 비교로 불안을 키우지요. 배달앱은 "오늘 하루쯤은 괜찮잖아?"라는 변명을 쉽게 만들어 우리의 의지력을 약화시킵니다. 이 정교한 유혹 시스템은 우리의 원시적 뇌를 교묘히 조종합니다.

계속 미뤄지는 다짐들, 충동에 휘둘리지 않고 나를 다스릴 방법은 정말 없을까요? 이 장에서는 철학과 뇌과학의 지혜를 바탕으로 충동을 이해하고 조절하며, 꾸준히 실천 가능한 자기 관리 시스템을 만드는 법을 탐구합니다. 루틴 설계하기, 도파민 조절하기, 고독과 친해지기, 스트레스 다루기, 불필요한 약속 줄이기까지. 이 모든 전략은 일상에서 바로 적용할 수 있는 실용적인 도구입니다.

자, 이제 내 뇌와의 흥미진진한 협상을 시작해볼까요?

〈2〉
의지력은 훈련될 수 있는 능력일까?

우리는 종종 "의지가 약해서 그래", "나 자신을 통제 못해서 문제야"라고 자책합니다. 하지만 자기 관리는 단순한 '근성 싸움'이 아니라 '어떻게 살 것인가'라는 철학적 질문에서 출발합니다. 소크라테스부터 하이데거까지, 동서양 철학자들이 말한 '자기 관리'의 본질을 통해 어떻게 더 주체적인 삶을 선택할 수 있는지 알아봅시다.

너 왜 그러고 사는지 생각은 해봤니? — 소크라테스

소크라테스가 고대 아테네 시장에서 사람들을 붙잡고 "너 자신을 알라!"고 귀찮게 한 것은 자기 인식이야말로 모든 변화의 시작임을 알

왔기 때문입니다.

소크라테스가 오늘날 서울 강남역에 나타난다면 어떤 모습일까요? 한 손에는 아이스 아메리카노, 다른 손에는 태블릿을 든 직장인을 붙잡고 이렇게 물을지 모릅니다. "자네는 왜 그 커피를 마시나? 정말 맛있어서인가, 습관적으로 사먹는 건가? 그 비싼 앱 구독료를 내는 이유는 뭔가? 정말 필요해서인가, 아니면 다들 쓰니까 따라 하는 건가?"

그러고는 이렇게 덧붙일 겁니다. "나는 자네를 비난하는 게 아니라네. 그저 자네가 생각 없이 하는 행동들에 '왜?'라는 질문을 던져보길 권할 뿐." 소크라테스 질문법은 우리가 무심코 하는 행동 속에 숨겨진 동기와 패턴을 발견하게 합니다. 궁극적으로 "네가 왜 그러고 사는지 알아야, 네가 어떻게 살고 싶은지도 알 수 있다"는 것이 그의 메시지입니다.

자신에게 불편한 질문을 던지는 소크라테스식 방법은 의외로 강력합니다. "왜 운동을 미루지?" "왜 항상 같은 실수를 반복할까?" 이런 질문들은 습관적 행동 패턴을 드러내고 변화의 단초를 제공합니다. "퇴근 후 왜 항상 TV 앞에서 잠들어 버리는 걸까?"라는 질문은 당신이 피로를 외면하고 있음을 상기시키고, "그럼 오늘은 TV 대신 10분 스트레칭을 해볼까?"라는 대안을 떠올리게 해줍니다.

인생은 단순해야 맛있어! — 에피쿠로스

에피쿠로스는 쾌락주의자로 오해받지만, 사실 그가 말한 쾌락은 단순함과 절제를 통한 평온한 기쁨이었습니다. "복잡한 건 버리고 단순하게 살아!"라는 그의 철학은 현대인의 과부하된 삶에 완벽한 해독제입니다.

그가 오늘날 살았다면 이런 제목의 책을 썼을 겁니다. "디지털 디톡스: 단순함으로 돌아가는 길", "소셜미디어 없이 살기: 진짜 행복의 비밀". 그는 현대인들이 행복이라는 이름으로 추구하는 것들 대부분이 실제로는 스트레스와 불안의 원천이라고 지적할 거예요. "더 큰 집, 더 많은 옷, 더 복잡한 인간관계가 정말 당신을 행복하게 하나요? 오히려 더 지치게 만들지는 않나요?"

에피쿠로스에게 진정한 행복은 복잡하지 않습니다. 좋은 친구 몇 명, 맛있지만 단순한 음식, 자연과의 교감 그리고 지금 이 순간을 즐기는 능력. 이것이 그가 말하는 '좋은 삶'의 비결이지요. 그는 아마 이렇게 말했을 겁니다. "당신에게 정말 필요한 것이 얼마나 적은지 깨닫는다면, 그 순간 당신은 자유로워질 거예요."

이를 실생활에 적용해볼까요? 필요하지 않은 물건들을 정리하거나, 부담스러운 약속은 하나쯤 거절해도 좋아요. 알코올, 소셜미디어, 모바일 게임처럼 인위적으로 도파민을 자극하는 일들을 줄이고 차 한

잔, 저녁 산책, 고요한 독서 같은 단순한 기쁨을 찾아보세요. 에피쿠로스는 그 순간의 평온이야말로 진짜 쾌락이라고 말할 것입니다.

욕망을 줄이면 인생이 가벼워집니다 — 쇼펜하우어

쇼펜하우어는 인간의 끝없는 욕망이 고통의 원천이라고 진단했습니다. 현대적 관점에서 보면, FOMO(포모, Fear Of Missing Out, 기회 등을 놓치거나 제외되는 것에 대한 공포와 불안)를 2세기 전에 이미 꿰뚫어본 셈입니다.

쇼펜하우어는 인간 욕망의 무한 루프를 정확히 통찰했습니다. '욕망→충족→짧은 만족→권태→새로운 욕망'이라는 끝없는 사이클이 우리를 행복에서 멀어지게 한다고 분석했지요. 오늘날의 사례로 들면 '인스타그램 업로드→많은 좋아요 받기→짧은 만족감→또다시 인기 글 올리기 위한 압박감' 사이클이 반복되며, 우리는 끊임없이 '다음 자극'을 갈망합니다.

쇼펜하우어가 소셜미디어를 봤다면 아마 이렇게 말했을 겁니다. "이 사람들은 자신의 삶을 살지 않고, 남에게 보여주기 위한 삶을 살고 있군." 그는 이런 끝없는 사이클에서 빠져나오는 방법으로 욕망 자체를 줄이는 '금욕'을 제안합니다. 그의 금욕은 물질적 소비를 줄이는 데서 그치지 않고, 끊임없는 비교와 인정욕구까지 내려놓는 것을 의미해요.

현대의 '디지털 미니멀리즘'뿐 아니라 '마음의 미니멀리즘'까지 포괄하는 개념입니다.

이를 일상에 어떻게 적용해볼까요? 주변 사람들이 성공이나 미래에 대한 큰 계획을 말할 때, 거기에 흔들리지 말고 지금 내가 누릴 수 있는 소소한 행복들, 좋아하는 음악을 들으며 산책하기나 맛있는 커피 한 잔 마시기 등에 집중해보세요.

타인의 삶이 아닌, 나만의 삶을 선택하라 — 하이데거

하이데거는 '진정성(Authenticity)'에 대한 철학으로 유명합니다. 그에게 있어 진정한 존재란, 사회적 압력과 기대에 따라 살지 않고 자신의 고유한 가능성을 향해 사는 것입니다.

하이데거는 우리가 흔히 '세상 사람들(das Man)'이라는 이름 없는 대중의 기준에 따라 살아간다고 지적했습니다. "누구는 이렇게 산다", "누구는 이런 걸 읽는다", "성공한 사람들은 이런 직업을 가진다" 같은 익명의 표준에 따라 자신을 평가하고 계획하는 삶은 '비진정적'이라고 봤죠. 이를 현대적 맥락으로 옮기면 이렇습니다. "인스타 맛집에 가야 해", "유명 인플루언서 같은 아침 루틴을 만들어야 해." 하이데거라면 이렇게 질문할 거예요. "그게 정말 네가 원하는 거니, 아니면 '그들'이

네게 원하도록 만든 거니?" 그에게 진정성 있는 자기 관리란 타인의 기준이나 유행을 따르는 것이 아니라, 자신만의 고유한 삶의 가능성을 향해 나아가는 선택을 의미합니다.

그는 '죽음'을 의식하는 것이야말로 진정성을 깨우는 열쇠라고 여겼습니다. "내가 내일 죽는다면, 지금 이 선택을 후회할까?"라는 질문이 우리를 '자신만의 삶'으로 이끌어준다는 것입니다. 친구들이 다 요가 수업을 듣는다 해도, 당신이 진짜 좋아하는 것은 집에서 음악 틀고 춤추기라면 그걸 선택하세요. 하이데거는 "죽음 앞에서 그 춤을 후회하지 않을 거라면, 그게 너의 진정한 길"이라고 말할 겁니다.

하이데거의 가르침은 현대 사회의 '인스타그램 인생'이나 '타인의 시선에 의한 선택'에 대한 강력한 해독제입니다. 지금 당신이 하고 있는 자기 관리는 진짜 당신이 원하는 건가요, 아니면 남들이 원하는 건가요?

〈3〉
나를 자꾸 배신하게 만드는 뇌의 회로

우리 뇌 속에는 끊임없이 '나를 나답지 않게' 만드는 신경물질과 회로들이 있습니다. 자기 관리 실패의 배후에 있는 신경회로들을 하나씩 들여다보며, 왜 우리는 자꾸만 자신을 배신하는지 그 생물학적 메커니즘을 파헤쳐봅시다.

나를 바라보는 나, 섬엽

섬엽(insula)은 뇌 속에서도 가장 조용하고 내성적인 부위입니다. 겉으로 드러나진 않지만 우리가 '몸이 이상하다', '불편하다', '이젠 그만해야 할 것 같다'는 신호를 느끼는 건 이 섬엽 덕분입니다. 단순히 신체 감각뿐 아니라 내 감정 상태를 감지하고 '지금 이 감정은 어디서 왔는가?'를 통합적으로 이해하려는 기능도 담당합니다.[33]

현대의 자기 관리에서 섬엽은 매우 중요한 위치에 있습니다. 왜냐하면 우리는 하루 종일 뇌의 외부 명령에 휘둘리지만, 정작 내가 지금 어떤 상태인지 들여다보는 시간은 거의 없기 때문입니다. 섬엽이 활성화되면 감정과 행동 사이에 여백이 생깁니다. 한 박자 쉬면서 '나는 지금 왜 이걸 하려 하지?' 자문할 수 있는 힘이죠.

마음챙김 명상, 느린 호흡, 신체 감각에 집중하는 활동은 섬엽을 자극합니다. 연구에 따르면, 꾸준한 명상은 섬엽의 두께를 증가시켜 자기인식 능력과 감정 조절 능력을 향상시킨다고 합니다.[34] 이런 훈련은 일시적인 안정감 제공을 넘어서, 뇌 구조 자체에 지속적인 변화를 일으키는 과정입니다.

자기 관리는 내 안에서 벌어지는 감정과 신호를 감지하고 '그럼에도 불구하고 나를 챙기는 힘'을 키우는 일입니다. 내면의 레이더인 섬엽을 깨우는 것은 그 첫걸음이지요. 섬엽이 보내는 작은 신호에 귀 기울이면, 충동에 끌려다니는 대신 자신을 다시 통제할 힘을 얻을 수 있습니다.

"더! 더!"를 외치는 도파민과 보상 회로

도파민은 본래 우리를 움직이게 하는 강력한 동기 시스템입니다. 뇌는 보상이 올지도 모른다는 신호가 감지되면 도파민을 분비하고, 그 보상을 추구하도록 행동을 유도하지요.[35] 문제는 이 시스템이 자기 관리와 충돌한다는 점입니다. 도파민은 "지금 이 순간 더 재밌고 쉬운 걸 해!"를 외치며 장기 목표보다 단기 쾌락을 추구하게 만듭니다. 자기 관리란 결국 이 즉각적 보상의 유혹을 얼마나 잘 지나칠 수 있느냐의 싸움입니다.

특정 행동에 도파민이 강하게 작동하면, 뇌는 그 행동을 기억하고 다음에 유사한 상황이 왔을 때 '이건 좋아, 또 해'라고 지시합니다. 그래서 단 한 번의 '미루기'가 반복되면 다음에도 미루게 되고, "지루할 땐 유튜브"라는 경로가 고속도로처럼 뇌에 새겨집니다.[36] 이 보상 회로는 스스로 강화되는 구조라, 한번 길들여지면 쉽게 바뀌지 않아요. 자기 관리가 어려운 이유는 의지가 부족해서가 아니라, 뇌가 이미 다른 방향으로 훈련되었기 때문입니다.

그런데 도파민 회로는 점점 더 자극적인 보상을 추구하는 것이 문제입니다. 처음에는 5분만 SNS를 봤지만 다음엔 10분, 그 다음에는 한 시간을 훌쩍 넘기기 일쑤지요. 독서나 산책, 친구와의 대화 같은 자연적인 즐거움은 점점 지루하고 무뎌지며, 뇌는 즉각적이고 강력한 자극에만 반응하게 됩니다. 이 상태가 지속되면 자기 관리가 어려울 뿐 아니라 삶의 전반적 만족감까지 낮아집니다. 도파민은 '추구하는 과정'엔 열광하지만, 막상 보상을 얻으면 금방 흥미를 잃어버리는 속성을 갖고 있기 때문이지요. 이는 더 많이, 더 자극적으로, 더 자주 추구하게 만드는 중독 회로와도 닿아 있습니다.

하지만 희망은 있습니다. 도파민 시스템은 단지 파괴적인 게 아니라 '훈련 가능한 회로'이기 때문입니다. 핵심은 도파민을 없애는 것이 아니라, 의도적으로 '건강한 보상'을 연결하는 방식으로 회로를 재설계하는 것입니다. 운동 후 따뜻한 차 한 잔, 단기 목표 달성 후 작은 성취감 느끼기, 하루를 마무리하며 체크리스트를 보는 작은 기쁨, 이 모든 것이 도파민을 활용한 자기 관리 전략입니다.[36, 37] 도파민의 보상 회로를 잘 다루면 충동의 노예에서 주인으로 올라설 수 있습니다.

뇌의 리더십을 빼앗는 스트레스, 코르티솔과 전전두엽의 대결

우리가 스트레스를 받으면 뇌의 생존 시스템이 가장 먼저 반응합니다. 위험 신호를 감지하면 편도체가 활성화되고, 이어서 스트레스 호르몬인 코르티솔이 분비되어 '싸우거나 도망가거나' 모드를 작동하지요. 원시 시대에서는 맹수나 적으로부터 살아남기 위한 필수 반응이지만, 현대인의 스트레스는 대부분 심리적 혹은 사회적 문제입니다. 마감일, 인간관계, 교통 체증도 뇌에게는 '호랑이'로 인식되며, 그에 따라 신체와 인지는 위협 모드로 전환됩니다.

이때 가장 큰 타격을 받는 곳이 바로 전전두엽입니다.[38] 계획, 충동 억제, 장기 목표 조율을 담당하는 뇌의 최고경영자 같은 부위이지만, 코르티솔 수치가 높아지면 이 부위의 기능은 급격히 떨어집니다. 스트레스 상황에서 "지금 이 말은 참아야 해", "이걸 먹으면 후회할 거야"라고 말리는 목소리가 작아지는 이유입니다. 결과적으로 우리는 자기 통제력을 잃고, 충동적인 선택에 휘둘리게 됩니다.

끊임없는 자극과 멀티태스킹으로 가득 찬 현대인의 일상은 전전두엽을 계속 소진하게 만듭니다. 과도한 업무, 부족한 수면, 끝없는 알림과 정보 폭격은 뇌의 리더십 자원을 고갈시켜요. 이런 상태에서는 사소한 유혹에도 쉽게 무너지고, 정작 중요한 결정을 내릴 때는 집중력이 사라집니다. 전전두엽이 지치면 뇌는 감정과 본능을 우선시하는 방향으로 작동하며, 자기 관리 능력은 눈에 띄게 저하됩니다.

다행히 코르티솔과 전전두엽의 불균형은 회복이 가능합니다. 깊고 느린 호흡은 부교감신경계를 활성화해 코르티솔 수치를 낮춰주고, 전전두엽의 회복을 돕습니다.[39] 스트레스를 위협으로만 받아들이지 않고 '이게 정말 위험한가?' 자문하는 인지 재평가 전략도 스트레스 회로 자체를 재구성하는 데 효과적입니다.[40] 20분 이상의 유산소 운동도 코

르티솔을 자연스럽게 낮추는 좋은 방법입니다.[41]

가장 중요한 것은 에너지 관리입니다. 특히 전전두엽은 '의지력'이라는 자원을 소모하며 작동하기 때문에, 중요한 결정은 오전에 내리거나 "5분만 해보자" 등의 작은 시작으로 진입 장벽을 낮추는 전략이 필요합니다.[42,43] 수면을 충분히 확보하고, 불필요한 선택을 줄이는 것도 좋은 방법입니다.[44] 이성에게 휴식과 전략을 제공하면 스트레스의 폭주를 멈추고 자기 관리라는 전쟁에서 승리할 수 있습니다.

외로움에 균형을 주는 세로토닌

세로토닌은 뇌의 안정제이며 내면의 평형추 같은 존재입니다. 도파민이 "더! 더!"를 외친다면, 세로토닌은 "지금 이대로도 충분해"라고 말해줍니다. 이 신경전달물질은 기분, 자존감, 사회적 안정감과 밀접하게 연관되어 있으며, 부족하면 우울, 불안, 충동적 반응이 두드러지게 나타납니다.[45] 끊임없이 비교와 평가에 노출되어 있는 현대인들은 특히 세로토닌이 부족해지기 쉽습니다.

자기 관리 관점에서 세로토닌은 '자극에 휘둘리지 않을 수 있는 힘'을 만들어줍니다. 도파민이 즉각적인 보상을 추구하게 하고, 코르티솔이 위협 반응으로 몰아세울 때, 세로토닌은 내면의 안정감을 유지시

커 감정적 동요를 줄여줍니다. 세로토닌은 외부 자극에 즉각적으로 휘둘리지 않고 내면의 중심을 잡아주는 뇌 속의 완충 장치입니다.

하지만 이 세로토닌 시스템은 저절로 유지되지 않습니다. 햇빛을 충분히 받지 않거나, 수면이 부족하거나, 탄수화물을 과하게 제한하거나, 사회적 연결이 단절되면 세로토닌 수치는 급격히 낮아집니다. 이는 자존감 저하로 연결되며 충동적 소비, 감정 폭발, 무기력의 악순환으로 이어질 수 있습니다. 결국 세로토닌은 단순한 기분의 문제가 아니라, 자기 관리와 삶의 균형 유지에 핵심이 되는 생물학적 기반이라 할 수 있습니다.

세로토닌을 자연스럽게 회복시키는 방법은 의외로 간단합니다. 매일 햇빛 쬐기, 감사 일기를 쓰며 긍정적 감정을 떠올리기, 친한 사람과의 짧은 통화 같은 '사소하지만 정서적인 경험'을 자주 쌓으면 좋습니다.[46,47] 규칙적인 수면, 가벼운 유산소 운동, 트립토판이 풍부한 식단도 세로토닌 생성에 도움을 줍니다. 세로토닌이 주는 안정감을 일상 속에 심으면, 자기 관리는 의지가 아니라 삶의 자연스러운 흐름이 됩니다.

〈4〉
실패는 반복되고, 이유는 늘 비슷하다

철학이 인간의 본성을 설명하고, 뇌과학이 충동의 회로를 보여주었다면, 이제 현실 생활에서 자기 관리가 무너지는 이유를 심리학의 눈으로 살펴볼 차례입니다. 계획과 실행 사이의 반복된 좌절, 작심삼일로 끝나는 운동, 스마트폰에 빠져드는 외로움 같은 일상 속 실패는 단순한 의지력 문제가 아니라 감정, 습관, 인식의 심리적 패턴과 깊이 연결되어 있습니다. 이제부터 '나는 왜 나를 통제하지 못하는지' 더 구체적으로 살펴봅시다.

주머니 속 탈출구, 스마트폰

스마트폰은 이제 단순한 전화기가 아니라 '현실을 벗어나는 입구'가 되었습니다. 지하철에서도, 회의 중에도 심지어 화장실에서도 우리는 무의식적으로 스마트폰을 들여다봅니다. 이는 단순한 습관의 문제가 아니라 심리적으로 현실에서 벗어나고 싶은 욕구, 지루함과 불안 같은 불편한 감정을 회피하려는 심리적 자동반응입니다.

심리학에서 회피(avoidance)는 불편한 감정이나 상황을 직접 마주하기보다 다른 행동으로 대체해 피하는 전략입니다. 스트레스, 고독, 권태 같은 감정이 올라오면 우리는 뭔가를 계속 '확인'하는 행위를 통해 이러한 감정과의 직접적 만남을 피합니다. 회피하는 순간은 감정이 사라진 것 같지만, 실제로는 잠시 가려졌을 뿐 근본적인 문제는 여전히 해결되지 않습니다.

여기서 스마트폰은 완벽한 감정회피 장치 역할을 수행합니다. 중요한 업무를 시작하기 전 느끼는 긴장감을 견디지 못하고 무의식적으로 스마트폰을 터치해 SNS를 확인하는 순간, 불안은 임시로 가려지지만 업무에 대한 부담감은 더 커지고 맙니다. 친구나 가족과의 갈등 후 느끼는 불편한 감정을 스마트폰 영상이나 쇼핑으로 회피하면, 관계 문제는 더 깊어지고 해결하기 어려워집니다.

이러한 감정 회피의 반복이 가져오는 심리적 문제는 자기 인식 능력의 저하입니다. '나는 지금 무슨 감정을 느끼고 있는가?'에 대한 명확한 인식이 줄어들면 내면에서 벌어지는 정서적 혼란과 불안을 관리하는 능력이 약해지고, 자기 통제력을 발휘하기가 갈수록 힘들어집니다.

결국 자기 관리의 핵심은 불편한 감정을 마주할 용기에서 시작됩니다. 스마트폰을 완전히 끄라는 말이 아닙니다. 스마트폰을 켤 때마다 의식적으로 자신의 감정을 한 번이라도 돌아보는 습관을 들여보세요.

"내일부터는 진짜 할게!"

아침 일찍 일어나 운동하고, 아침도 먹고, 책도 좀 읽자고 다짐하지만 현실은? 알람 끄고 다시 눕는 경우가 대부분이지요. 이건 게으름의 문제가 아닙니다. 습관화되지 않은 계획은 현실 앞에서 무너질 수밖에 없습니다.

심리학적으로 루틴은 의사결정의 반복성을 줄이는 자동화된 행동 시스템입니다. 그런데 새로운 루틴을 만들려면 초기에 많은 인지적 에너지가 필요해요. 계획은 머리로 세우지만, 실천은 감정과 환경의 영향을 크게 받습니다. 특히 기상 직후나 저녁처럼 에너지와 집중력이 떨어진 시간에는 '그때의 기분'이 행동을 결정하기 쉽습니다.

반복된 루틴 붕괴는 자존감보다 더 깊은 자기효능감(self-efficacy)을 흔들어버립니다.[48] '나는 할 수 없어'라는 인식이 굳어지면 다음 시도조차 진심으로 하지 않게 되고, 제대로 시도하지 않으니 다시 실패합니다. 이 악순환은 행동의 동기와 목표 간의 거리감을 더욱 벌어지게 만듭니다.

또 하나의 문제는 기대치 설정의 왜곡입니다. 우리는 루틴을 '완벽한 새 출발'로 여기는 경향이 있습니다. 월요일, 1일, 새벽 5시… 거창한 변화만을 진정한 변화로 여기기 때문에 작은 실패에도 쉽게 무너집니다. 이는 완벽주의적 사고로, 현실에서 유연하게 적응하기 어려운 심리 패턴입니다.[49]

루틴을 지키려면 의지를 끌어올리는 대신, 환경과 기대치를 조정하는 방식이 효과적입니다. 알람을 멀리 두고, 하루 목표를 '10분 걷기'로 설정하는 것만으로도 행동 개시 장벽을 낮출 수 있습니다. 루틴은 이기는 싸움이 아니라 '이길 수밖에 없게 만드는 설계'에서 시작됩니다.

혼자인 게 왜 이렇게 불편할까?

우리에게 혼자 있는 시간은 생각보다 쉽지 않습니다. 스마트폰을 확인하고, 누군가와 일부러 약속을 잡거나 TV를 소음처럼 틀어놓는 행동은 외로움보다는 '고요함에 대한 불안'을 피하려는 반응일 수 있습니다. 우리는 외로운 것이 아니라, 자신과 마주하는 순간이 낯설고 어색한 것일지도 모릅니다.

심리학에서 고독은 감정적으로 견디기 어려운 상태이지만, 동시에 성찰과 창의성의 근원이기도 합니다. 그러나 타인의 자극이 없는 상태에 익숙하지 않은 사람은 고요함을 불편함으로 해석하며, 그 감정을 회피하기 위해 끊임없이 자극을 찾아 헤맵니다. 이때 사용하는 도구가 바로 스마트폰, 약속, 넷플릭스, 음악입니다.

이런 회피 행동은 감정 인식 능력을 떨어뜨립니다. 자신의 감정이 정확히 무엇인지 모른 채 계속 자극에 노출되면, 결국 '나는 왜 이렇게 피곤하지?' 같은 막연한 탈진감만 남습니다. 특히 SNS를 통해 타인의 일상과 비교하는 순간, 내가 고립됐다는 감각은 더욱 심해질 수 있습니다.[50]

문제는 이러한 반복이 '혼자 있는 것=불안한 것'이라는 잘못된 조건화를 강화한다는 점입니다. 고독에 익숙해질 기회를 놓치면, 우리는 점점 더 타인의 반응과 소음에 의존하게 되며 자신과의 관계는 약해집니다. 이 과정은 자존감을 떨어뜨리고, 내면을 가볍게 여기는 삶으로 이어질 수 있습니다.

고독을 견디는 힘은 특별한 훈련이 아닙니다. 혼자 있는 시간을 '두려운 고통'이 아닌 '불편한 연습'으로 받아들이는 태도가 출발점입니다. 하루 10분만이라도 소음을 끄고, 아무것도 하지 않은 채 자신과 마주해보세요. 처음엔 낯설겠지만, 가장 깊은 내면은 언제나 고요 속에서 깨어납니다.

"또 실패했어, 난 안 돼!"

계획을 지키지 못하거나 루틴이 무너졌을 때, 가장 먼저 나오는 말은 "나는 왜 이 모양일까?"일 것입니다. 우리는 행동의 실패보다 그 뒤에 따라오는 자기 비난의 목소리에 더 크게 상처받습니다. 놀랍게도 이러한 자기 비난은 일종의 심리적 습관이자 자신을 통제하려는 시도에서 비롯된 학습된 반응일 수 있습니다.[51]

심리학적으로 자기 비난은 실패를 회피하기보다 오히려 고착화시키는 역할을 합니다. 자책은 감정적으로는 책임지는 것처럼 같지만, 실제로는 감정을 외부로 처리하지 못한 채 내부에 남겨두며 행동 변화를 유도하지 못합니다. 특히 반복적 자기 비난은 자존감을 빠르게 떨어뜨리고 시도 자체를 방해합니다.

더 심각한 문제는 때로 자기 비난이 자기 위안의 기제로 작동한다는 점입니다. '내가 못나서 그런 거야' 같은 생각은 현실을 바꾸려는 두려움을 피하게 해줍니다. 바뀌지 않아도 되는 정서적 안전지대이자, 책임질 필요가 없는 자기 합리화의 형태이지요.[52]

이런 인지적 왜곡은 배움과 성장의 루프를 차단합니다. 실수는 더 이상 교훈이 아니라 정체성의 증거가 되고, '난 원래 이래'라는 자기개념(self-concept)이 고정됩니다. 반복되는 실패보다 무서운 것은 실패를 자신과 동일시하는 인식입니다.

자기 비난의 고리를 끊으려면 무엇보다 먼저 실패를 행동의 문제로 보는 연습이 필요합니다. "난 안 돼" 대신 "이번 방법은 안 맞았어"라고 말해보세요. 정체성이 아니라 전략을 바꾸는 것, 자기 이해의 첫걸음이자 진정한 자기 관리의 시작입니다.

〈5〉
자기 관리에는 결심보다 협상이 먼저다

자기 관리는 의지만으로 되지 않습니다. 뇌는 변화를 두려워하고, 감정은 늘 당신보다 먼저 반응하죠. 그래서 '싸우는 방식'이 아니라 '설득하는 전략'이 필요합니다. 충동을 억누르기보다 돌려서 활용하고, 뇌의 생존 회로와 협상하면서 루틴, 디지털 사용, 고독, 운동, 관계, 스트레스까지 다루는 실전 기술을 소개합니다. 철학과 뇌과학이 만난 이 전략들은 '게으른 뇌'를 움직이게 만드는 교묘한 설득 매뉴얼입니다.

◎ 딱 5분만 해볼까? — 뇌를 설득하는 가장 강력한 주문

"5분이면 뇌도 설득되고, 습관도 자란다."

목표

- 뇌가 부담 없이 받아들이는 최소 루틴 정착
- 매일 반복되는 '작은 승리'로 자기효능감 쌓기
- 의욕에 의존하지 않고 자동화에 초점을 맞춘 루틴 설계하기

5분 루틴 실전 매뉴얼

1. '딱 5분만'으로 시작하라

→ 운동, 글쓰기, 명상 등 어떤 루틴이든 '5분만 하기'로 정하기

→ 시작이 어려운 이유는 뇌가 부담을 먼저 계산하기 때문

왜? — 시작 장벽이 낮아야 뇌가 움직입니다. "5분만 해볼까?"라는 말이 행동을 부릅니다.

2. 루틴+보상 공식 만들기

→ 5분 루틴 후 곧바로 작지만 기분 좋은 보상을 주기

→ ㉠ 스트레칭 후 아이스 아메리카노 한 잔 / 글쓰기 후 좋아하는 유튜브 10분 시청

왜? — 도파민은 습관을 강화하는 뇌의 보상 엔진입니다. '즐거움'을 덧붙여야 반복됩니다.

3. 루틴 트리거 정하기

→ 기존 일상에 루틴 붙이기

→ ㉠ 세수 후 5분 요가 / 점심 후 20분 산책 / 퇴근 직후 10분 독서

왜? — 새로운 습관은 기존 행동에 연결되어야 자동화됩니다.

4. 장비와 공간, '시작 조건'을 미리 준비하라

→ 물리적 마찰을 줄이는 게 핵심

→ ㉠ 매트 깔린 거실, 노트북 켜진 책상, 의자 옆 덤벨 세트

왜? — '꺼내기 귀찮다'는 생각 하나가 오늘의 루틴을 무너뜨릴 수 있습니다.

5. 하루 1문장 '루틴 인증' 남기기

→ 오늘 한 루틴을 짧게 기록하기

→ ㉠ 5분 걷기 완료, 기분이 맑아졌다

왜? — 눈에 보이는 변화가 있어야 뇌도 성취를 인식합니다. 작지만 뿌듯한 증거를 만드세요.

- 루틴은 크기가 아니라 '지속성'이 만듭니다.
- "5분쯤이야"는 뇌가 좋아하는 말입니다.
- 당신의 큰 변화는 이 작은 5분에서 시작됩니다.

◎ 스마트폰 대신 내 뇌를 켠다 — 도파민 리셋 훈련법

"스마트폰을 잡는 순간 뇌가 꺼지고, 내려놓는 순간 내가 켜진다."

목표

- 과도한 디지털 자극으로부터 뇌 보상 회로 회복
- 무의식적인 스크롤 습관 차단
- 집중력과 감정 안정성을 위한 도파민 감도 재조정

도파민 리셋 실전 매뉴얼

1. '스마트폰을 내려놓을 시간대'를 정하라

→ 하루 중 일정 시간대를 '무조건 무폰 시간'으로 지정하기

→ ㉘ 아침 기상 후 1시간, 식사 시간, 자기 전 30분 등

왜? — "하루 종일 끊자"는 부담스럽습니다. "이 시간만큼은 쉰다"는 뇌가 받아들일 수 있는 현실적인 제안입니다.

2. 모든 알림을 차단하라

→ '잠깐만 확인하려던' 알림 하나가 30분을 집어삼킨다.

→ 카톡, SNS, 게임, 뉴스, 쇼핑 앱 알림은 전부 OFF / 긴급 연락만 메시지나 전화로 받도록 설정

왜? — 알림은 미끼입니다. 소리 하나, 진동 하나에 도파민이 반응합니다. 자극의 입구를 닫아야 합니다.

3. '스마트폰 대신 할 행동' 3가지를 미리 정하라
→ 손이 자동으로 폰으로 가지 않도록 대체 루틴 준비
→ ㉠ 손으로 일기 쓰기, 스트레칭, 창밖 보며 차 마시기

왜? — 뇌는 빈자리를 싫어합니다. 공백을 의미 있는 행동으로 채워주세요.

4. 자극 줄이기 환경 만들기
→ 뇌는 보이는 것에 쉽게 끌린다. 안 보이면, 안 찾는다.
→ 폰 화면을 흑백 모드로 설정하거나, 자주 쓰는 앱을 폴더에 숨기기

왜? — 시각 자극을 줄이면 사용 빈도도 따라 줄어듭니다. 뇌는 덜 자극적인 것을 덜 찾게 됩니다.

5. 도파민 리셋 일지 쓰기
→ 하루 끝에, 폰 없이 보낸 시간 중 기억에 남는 순간을 한 문장으로 적기
→ ㉠ 저녁 30분 독서, 생각보다 집중이 잘됐다.

왜? — 기록은 뇌에게 "이게 더 좋았어"라는 피드백을 주는 확실한 훈련입니다.

- 도파민 리셋은 '끊는 것'이 아니라 '바꾸는 것'입니다.
- 당신의 뇌는 강제보다 설득에 더 잘 반응합니다.
- 오늘 한 시간, 스마트폰 대신 당신을 켜보세요.

◎ 30분만 혼자 있어볼까? — 고독 적응 훈련 매뉴얼

"혼자 있는 연습은, 결국 나를 온전히 만나는 훈련이다."

목표
- 고독의 시간을 통해 내면의 평안 느끼기
- 디지털 자극 없이 혼자 있는 시간을 견디는 뇌 만들기
- 혼자 있어도 충만한 사람으로 성장하기

고독 적응 훈련 매뉴얼

1. 하루에 '혼자 있는 시간 30분' 예약하기
→ 매일 30분, 혼자 있는 시간을 일정에 넣기
→ ㈀ 점심 후 산책, 자기 전 조용한 방에서 책 읽기, 아침 창가 명상 등

왜? — 짧은 고독은 심심함이지만, 30분은 '진짜 나'를 마주할 수 있는 충분한 길이입니다.

2. 타이머와 함께 고독 루틴 만들기
→ 핸드폰 알림 대신 아날로그 타이머나 주방 타이머 사용
→ 30분 동안은 디지털 금지, 외부 자극 차단

왜? — '시간의 틀'을 정해줘야 뇌가 안심하고 고요함에 들어설 수 있습니다.

3. '혼자 있는 나'를 글로 남기라

→ 고독 시간에 떠오른 생각, 기분, 몸의 반응을 짧게 기록하기

→ ㉠ 처음엔 지루했는데 점점 안정감이 들었다, 불안했지만 나쁘진 않았다.

왜? — 생각을 글로 적는 순간, 감정은 객관화됩니다. 관찰은 곧 통제입니다.

4. 혼자 하는 작은 도전 정하기

→ '혼자 영화 보기', '혼자 동네 카페 가기', '혼자 근교 산책' 같은 미션 정하기

→ 도전 중 자신이 어떤 생각과 감정을 겪었는지 객관적으로 관찰하기

왜? — 혼자서 낯선 경험을 하며 자신을 관찰하는 습관은 자기 이해를 높이고 내면의 안정감을 키웁니다.

5. 나만의 고독 공간을 지정하라

→ 집이나 카페, 공원 등에서 조용히 앉아 있을 수 있는 장소 정해두기

→ 그 공간에 있을 땐 '아무것도 하지 않기'를 원칙으로 하기

왜? — 뇌는 특정 장소에 감정을 학습합니다. 익숙한 고독 공간은 마음의 피난처가 됩니다.

- 외로움과 달리 고독은 내면 회복의 시간입니다.
- 외부 연결을 끊을수록 진짜 자기 연결이 시작됩니다.
- 혼자 있는 힘이 클수록, 함께할 때도 흔들리지 않습니다.

◎ 터지기 전에 멈추라 — 스트레스 관리를 위한 매뉴얼

"감정은 순간에 타오르지만, 훈련된 뇌는 먼저 숨을 고른다."

목표

- 충동의 뿌리인 스트레스에 선제적으로 대응
- 뇌의 통제 시스템인 전전두엽 보호
- 감정 반응을 빠르게 진정시키는 방법 습관화

감정 과열 차단 매뉴얼

1. 박스 호흡으로 뇌를 식히라

→ 4초 들이마시고→4초 참기→4초 내쉬기→4초 정지

→ 단 1분만 반복해도 몸과 마음이 급속히 진정된다.

왜? — 숨부터 다스리면 감정이 따라 잦아듭니다. 박스 호흡은 전전두엽 재부팅 버튼입니다.

2. 진짜 호랑이야? 질문하라

→ 스트레스 순간 "이건 생존 위기인가, 그냥 불쾌한 일인가?" 구분하기

→ 감정의 실체를 구분하면, 반응이 아니라 선택이 가능해진다.

왜? — 뇌는 실제 위기와 이메일 알림을 구분 못합니다. 질문은 이성 복귀의 스위치입니다.

3. 감각 접지 훈련: 지금 여기에 집중하라

→ 강한 감정이 올라올 때, 주변에서 보이는 것 하나, 들은 소리 하나, 만져지는 감각 하나를 찾아보라. (예 창밖의 나무, 에어컨 소리, 손끝의 커피잔)

→ 지금 이 순간, 감각을 느끼는 연습만으로도 감정은 고요해진다.

왜? — 몸의 감각에 집중하면, 감정은 현실에 '접지'됩니다. 불안과 분노는 자리를 잃고 흩어집니다.

4. 감사 리셋 노트 쓰기

→ 잠들기 전, 오늘 감사했던 일 3가지 적기 (예 햇살, 좋은 커피, 내가 잘 참은 순간)

→ 짧아도 괜찮다. 중요한 건 '감사하려는 시선'을 뇌에 심는 것이다.

왜? — 감정은 기록하면 정리됩니다. 감사는 코르티솔을 줄이고 세로토닌을 높입니다.

- 스트레스는 생각보다 조용히, 그러나 빠르게 뇌를 소모시킵니다.
- 당신의 뇌는 해결책보다 먼저, 진정할 공간을 필요로 합니다.
- 감정을 다스리는 첫걸음은 반응을 멈추고 숨을 고르는 일입니다.

◎ 관계도 다이어트가 필요하다 — 인간관계 정리 실전법

"나를 위한 시간이 부족하다면, 덜 중요한 관계부터 줄여야 한다."

목표

- 에너지를 갉아먹는 인간관계 최소화
- 관계의 질을 높이고 뇌 자원을 절약
- '나를 회복시키는 사람'을 기준으로 관계의 우선순위 재정렬하기

관계 다이어트 실전 매뉴얼

1. 약속 전 '감정 예측 질문' 던지기

→ "이 만남 끝나고 기분이 나아질까, 더 지칠까?"

→ 회복이 아니라 소모되는 만남이라면 미리 선 긋기

왜? — 뇌는 감정의 반복을 학습합니다. 자꾸 지치는 만남은 무의식에 '이 관계는 피곤하다'는 인식을 남깁니다.

2. 거절 문장 사전 준비하기

→ "정말 고맙지만, 요즘 일정이 꽉 차서 이번엔 어려울 것 같아."

→ 감정 상하지 않게 선 긋는 문장, 평소에 연습해두기

왜? — "싫다고 하면 미움받을까 봐"라는 두려움은 뇌의 사회적 안전 욕구 때문입니다. 준비된 말은 죄책감을 줄입니다.

3. 디지털 관계 다이어트

→ SNS 팔로우, 단톡방, 구독 채널 정리하기

→ '정보가 아니라 평화가 필요하다'는 마음으로 과감히 정리

왜? — 무의미한 디지털 연결은 집중력과 정서 자원을 갉아먹습니다. 정리된 디지털 공간은 뇌의 공간도 정리해줍니다.

4. 소중한 사람은 '먼저 챙기라'

→ 꼭 만나고 싶은 사람과의 약속은 먼저 달력에 넣기

→ 만난 뒤에는 "오늘 정말 좋았어" 같은 따뜻한 메시지를 짧게라도 보내기

왜? — 진짜 소중한 관계는 미루지 말고 관리해야 합니다. 뇌는 연결의 안정감에서 가장 잘 회복됩니다.

- 관계 정리는 외면이 아니라 선택입니다.
- 당신의 에너지는 '누구와 함께하느냐'에 따라 다르게 쓰입니다.
- 덜 만나고 더 깊이 연결되면, 뇌도 덜 지칩니다.

⟨6⟩
작고 구체적인 변화가
인생을 바꾸기 시작했다

매일 무너졌던 결심이 어느 날부터 조금씩 달라지기 시작합니다. 누구나 겪을 법한 고민과 실패 속에서도, 작고 현실적인 전략을 적용해 변화를 만들어낸 사람들이 있습니다. 그들의 선택은 대단하거나 거창하지 않았습니다. 단지 뇌와 감정을 이해하고, 그에 맞는 방식으로 '설계'를 바꿨을 뿐입니다.

스마트폰을 내려놓자 삶이 달라졌다

30대 직장인 진우는 어느 날 문득 자신의 퇴근 루틴이 이상하다고 느꼈다. 회사에서 돌아오면 무심코 소파에 앉아 스마트폰을 손에 쥐고, 유튜브를 켜고, 그 다음은 인스타그램, 또 그 다음은 뉴스. 그 사이 저녁은 배달앱으로 해결하고, 씻지도 않은 채 눈 아플 때까지 폰 화면만 들여다보다가 겨우 잠드는 날이 반복됐다. "이렇게 하루를 날리는 게 너무 싫다"는 말을 입에 달고 살았지만 정작 행동은 바뀌지 않았다. 단순한 게으름 때문이 아니라는 걸, 진우는 꽤 오래 지나서야 깨달았다.

그는 환경부터 바꾸기로 했다. 가장 먼저 한 일은 스마트폰 알림을 모두 끄는 것이었다. 그러고는 소파 옆 작은 책장을 다시 정리하고, 그 위에 예전부터 읽고 싶었던 책 몇 권과 일기장을 꺼내 두었다. 매일 저녁 8시가 되면 휴대폰을 거실 서랍 안에 넣고 잠깐의 '디지털 정지 시간'을 갖기 시작했다. 처음엔 손이 근질거렸고 휴대폰 없는 시간이 어색했지만, 며칠이 지나자 그는 낯선 평온을 경험할 수 있었다.

책을 읽고, 짧게 일기를 쓰고, 향기로운 차를 내려 마시는 이 루틴은 그의 하루의 결말을 조금씩 다르게 만들었다. 스마트폰 없이 보낸 1시간 동안 진우는 오히려 뇌가 깨어나는 느낌을 받았다. 업무 스트레스는 이전보다 빨리 가라앉았고 '나는 뭘 좋아하고, 뭘 싫어하는 사람인가'를 다시 생각하게 되었다. 하루가 충만하게 채워진 느낌, 그리고 무엇보다 "내가 내 시간을 주도하고 있다"는 감각이 처음으로 생긴 것이다.

물론 완벽하지는 않았다. 바쁜 날엔 다시 유튜브를 틀기도 했고, SNS를 무심코 열다 '아차' 하고 덮은 날도 있었다. 하지만 진우는 그때마다 자신을 비난하기보다 "오늘은 좀 무너졌네, 내일 다시 해보자"고 되뇌었다. 이전 같았으면 "역시 난 안 돼"라며 자기 비난에 빠졌을 텐데 이번엔 달랐다. 실패도 루틴의 일부로 받아들이자 오히려 꾸준함이 생겼다.

몇 달이 지난 지금, 진우는 퇴근 후 1~2시간을 자신을 위한 시간으로 온전히 확보하고 있다. 그 시간 동안 책을 읽고, 생각을 정리하거나 가끔은 아무것도 하지 않는다. 예전보다 스마트폰을 덜 보게 되었고, 업무 집중력이나 수면의 질도 확연히 나아졌다고 느낀다. "스마트폰을 내려놨을 뿐인데, 잃어버렸던 내 시간이 돌아왔어요." 진우의 이 작은 변화는, 자기 인식과 환경 설계가 만나 만들어낸 작지만 뚜렷한 전환점이었다.

거실에서 시작된 작은 반란

40대 직장인 경희는 운동과는 거리가 먼 사람이었다. 바쁜 일상도 한몫했지만, 운동은 귀찮고 불편하다는 거부감이 컸다. 헬스장은 부담스럽고 요가는 수업 시간을 맞추기 힘들었다. 그렇게

'운동은 나랑 안 맞아'라는 인식이 고정되던 어느 날, 건강검진 결과에서 경고등이 켜졌다. 체중과 혈압이 조금씩 증가 중이라는 진단을 받은 순간, 경희는 처음으로 '내가 나를 너무 방치했구나' 생각하며 후회했다.

그래서 결심했다. 거창한 목표 대신 거실 한켠에 요가 매트를 깔고, 무선 줄넘기와 덤벨 하나 놓는 것으로 시작했다. 조건은 단 하나, '커피 마시기 전 줄넘기 100개, 근력운동 5분'이었다. 운동을 일과처럼 대하지 않고 생활 속 루틴처럼 묶어보자는 전략이었다. 처음에는 줄넘기 100개를 채우는 것도 벅찼고 몸 이곳저곳이 뻐근했지만, 커피 한 잔이라는 보상이 이상하리만치 강력했다. 줄넘기를 마친 뒤 마시는 커피는 전보다 훨씬 맛있었다.

경희는 이 리듬을 지키기 위해 거실 구조도 바꿨다. TV를 보는 자리에 운동 기구를 두고, 운동 동영상도 리모컨 한 번으로 바로 재생되도록 구성했다. 익숙한 공간을 운동 중심으로 재설계하면서 "자, 이제 운동하자"가 아니라 "이 자리에 앉았으니 당연히 하게 되는" 구조를 만든 것이다. 이 환경 설계는 저항을 줄이고 반복성을 높여주었다. 일주일에 한 번씩은 새로운 운동 동작을 시도하는 '모험 데이'를 만들면서 지루함도 덜어냈다.

몇 주 지나자 변화는 생각보다 빠르게 찾아왔다. 줄넘기 100개는 200개가 되었고 근력운동 10분이 추가되었다. 신체적 변화보다 먼저 찾아온 것은 에너지였다. 오후가 되면 늘 졸리고 피곤하던 몸이 가뿐했고, 기분도 눈에 띄게 좋아졌다. 무엇보다 '내가 나를 챙기고 있다'는 감각이 주는 안정감은, 바쁜 생활 속에서 작은 자존감을 지켜주는 기둥이 되었다.

지금 경희의 거실에는 TV도 소파도 없다. 그 자리에 요가 매트 하나가 깔려 있을 뿐이다. 그녀는 말한다. "예전엔 거실이 하루의 피로를 풀기 위해 널브러지던 공간이었다면, 지금은 나를 다시 살아나게 만드는 장소예요." 특별한 다이어트나 트레이너 없이도, 매일 거실에서 커피와 함께 이어가는 작은 운동 습관은 결국 그녀의 몸과 마음을 바꿔놓았다. 거창한 변화는 없었지만 뇌는 '이건 내게 좋은 일이야'라고 학습했고, 그 결과 일상은 조금씩 다른 방향으로 움직이기 시작했다.

스트레스와의 교묘한 협상

30대 프리랜서 디자이너 현우는 한동안 자신을 '작업실에 갇힌 예민한 사람'이라고 불렀다. 마감이 다가올수록 마음은 점점 조여들었고, 불규칙한 생활은 식사와 수면을 모두 망가뜨렸다. 하루 종일 앉아서 작업하며 배달 음식으로 끼니를 때우고, 밤에는 침대에 누워서도 클라이언트의 메일을 확인했다. 불안은 점점 깊어졌고, 아침이 되면 몸은 무겁고 머리는 뿌연 채 하루를 시작하는 악순환이 계속되었다.

급기야 의욕마저 바닥난 현우는 간단한 작업조차 시작하기 어려운 상태가 되었다. 보다 못한 친구의 권유로 신경과에서 상담을 받았고, '번아웃과 경도의 우울증'이라는 진단을 받았다. 담당 의사는 그에게 '웰부트린'이라는 뇌 호르몬 조절제를 처방했고, 2주간 경두개 자기 자극(TMS, Transcranial Magnetic Stimulation) 치료를 받으며 조금씩 의욕과 활기를 되찾았다. 약물과 뇌 자극 치료는 기적은 아니었지만, 현우에게 스스로 회복할 수 있는 힘을 불어넣는 '마중물' 역할을 해주었다.

변화는 아주 작게 시작되었다. 스트레스를 느낄 때마다 1분 동안만 호흡에 집중하기로 한 것이다. 현우는 인터넷에서 본 '박스 호흡'을 따라했다. 4초 들이마시고, 4초 멈추고, 4초 내쉬고, 다시 4초 정지. 처음엔 어색하고 집중하기 어려웠지만, 이상하게도 1분 뒤엔 숨이 조금 가벼워졌다. 긴장감이 약간은 풀리는 듯한, 말로 설명하기 어려운 감각이 생겼다. 복잡했던 머릿속이 잠시 깨끗해지는 느낌이었다.

그는 이 짧은 호흡 훈련을 반복하면서 뇌에 질문하는 습관도 들이기 시작했다. "이게 진짜 위급한 일인가?" "지금 꼭 이 이메일에

답신해야 하나?' 자문하며 상황을 새로 보는 연습을 했다. 전전두엽이 개입할 시간을 벌어주는 이 인지적 간격은, 과잉 반응하던 편도체를 조금씩 진정시켰다. 현우는 아침 루틴도 새로 만들었다. 눈을 뜨자마자 5분 스트레칭, 이어서 5분 명상. 몸을 먼저 움직이고 뇌가 따라오게 하는 구조였다.

저녁 9시 이후에는 디지털 기기를 아예 꺼두는 규칙도 생겼다. 처음엔 답답했지만, 2주쯤 지나자 수면의 질이 확연히 달라진 느낌이었다. 무엇보다 폭식 충동이 줄었다. 과거에는 피곤할수록 달달한 것을 찾았지만, 요즘은 '좀 자고 나면 나아질 것 같은 느낌'이 뇌 안에서 자동으로 작동됐다. 스트레스가 날 무너뜨리는 적이 아니라 조절 가능한 대상처럼 느껴지기 시작한 것이다.

현우는 지금도 마감이 임박하면 예민해지고 호흡 훈련을 잊기도 한다. 하지만 그에게 중요한 것은 '이제는 돌아올 수 있는 길을 안다'는 감각이다. 그는 말한다. "이전에는 스트레스를 느끼면 그냥 폭주했어요. 그런데 지금은 잠깐 숨을 쉬고 '야 뇌야, 이건 호랑이가 아니라 그냥 이메일이야'라고 말할 수 있게 되었지요." 자기 조절이란 결국 이런 교묘한 협상의 반복이라는 걸, 현우는 몸으로 배워가고 있다.

⟨7⟩
뇌와 협상하며 균형을 되찾는 삶

자기 관리는 완벽한 승리를 목표로 하는 싸움이 아닙니다. 우리 내면의 리듬을 이해하고 조화롭게 다듬는 여정입니다. 한편에서는 장기적인 꿈을 좇는 열망이, 다른 한편으로는 순간의 안락을 찾는 본능이 우리를 이끌지만, 사실 이러한 갈등 자체가 우리 뇌의 생생한 생존 전략입니다. 무엇보다 중요한 것은 자신을 비난하며 지치는 대신 뇌의 자연스러운 작동 방식을 받아들이고, 작은 실천으로 그 흐름을 새롭게 설계하는 일입니다. 단지 습관을 바꾸는 데 그치지 않고, 더 자유롭고 충만한 나를 만나는 길입니다.

자기 관리에 실패하는 이유는 의지력이 부족해서가 아니라, 뇌가 환경과 상호작용하는 복잡한 과정에서 벌어지는 현상입니다. 도파민의 유혹이나 스트레스로 인한 코르티솔의 증가는 우리의 잘못이 아닌 뇌의 자연스러운 생존 전략입니다. 이 점을 이해하면 자신을 몰아세우지 않고 스마트한 전략을 짤 수 있습니다. 책을 휴대폰보다 가까이 두는 작은 환경 설계만으로도, 우리는 뇌와의 협상에서 우위를 점할 수 있습니다.

내 뇌를 적으로 대하지 말고 협상 파트너로 생각하세요. 뇌는 완벽한 기계가 아니라 우리와 함께 진화해온 동반자입니다. 고대 철학자 에픽테토스는 "우리가 통제할 수 없는 것에 연연하지 말고, 통제할 수 있는 것에 집중하라"고 했습니다. 뇌의 본성을 탓하며 싸우는 대신, 그 본성을 이해하고 협력하세요. 비난의 악순환에서 벗어나 작은 승리를 쌓아가는 기쁨을 누릴 수 있습니다.

물론 혼자서만 해결되지 않을 때도 있습니다. 만약 자기 관리의 실패가 반복되고, 의욕이나 집중력이 현저히 저하된 상태라면, 전문가의 도움을 받아도 좋습니다. 뇌 호르몬 조절제나 경두개 자기 자극(TMS) 같은 치료는 무너진 뇌의 균형을 잡아주는 효과적인 마중물이 될 수 있습니다. 이는 단지 의지의 문제가 아니라, 생물학적으로 지친 뇌를 다시 회복시키는 현실적인 전략이기도 합니다. 전문가의 도움과 함께 내 뇌와의 협상 테이블을 다시 준비한다면, 더 지혜롭고 효과적으로 균형을 찾을 수 있을 것입니다.

오늘, 딱 5분이라도 좋으니 뇌와 협상해보세요. "잠깐만, 도파민 말고 세로토닌 타임!"이라고 가볍게 선언하세요. 그렇게 내면의 줄다리기를 경쟁이 아닌 조화로 바꾸세요. 자기 관리는 완벽을 향한 무모한 질주가 아니라, 뇌와 손잡고 함께 리듬을 맞추는 지혜로운 춤입니다.

3장

사지 않아도 되는 걸 왜 또 사는 걸까?

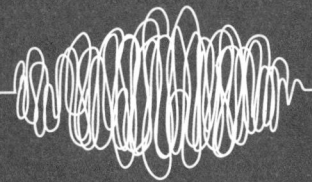

⟨1⟩
충동구매는 왜 그렇게 익숙한가!

"아, 이거 사면 정말 행복해질 거야!"라며 장바구니에 담는 순간의 쾌감에서 "이걸 왜 샀지?"라는 후회의 순간까지, 보통 얼마나 걸리나요? 며칠? 몇 시간? 아니면 고작 몇 분? 쇼핑백을 들고 매장을 나서는 순간부터 묘한 공허함이 찾아오는 경험, 누구나 한 번은 있을 것입니다.

참 역설적이지요? 물질적으로는 그 어떤 시대보다 풍요로운데, 우리는 왜 여전히 '더 많은 것'에 목말라 있을까요? 비싼 커피 한 잔으로 채워지지 않는 허무함은 어디서 올까요? '살 건 없지만 쇼핑은 하고 싶어'라는 모순적인 욕구는 왜 생기는 걸까요?

소비 충동이 구체적으로 언제 발생하는지 떠올려봅시다. 인스타그램을 스크롤하다 인플루언서가 착용한 새 운동화가 눈에 들어옵니다. 갑자기 내 신발이 구식으로 느껴지고 '나도 저거 있으면 좋겠다'는 생각이 듭니다. 때마침 온 세일 알림에 심장이 뛰고 '이건 정말 필요해'라는 합리화가 시작되지요. 신용카드를 긁는 순간 짜릿한 쾌감이 밀려오고… 다음 주, 그 신발은 이미 신선함을 잃은 채 신발장 한 켠에 자리잡습니다. 그리고 다시 스마트폰을 들여다보는 사이클이 반복됩니다.

이런 소비 사이클은 그저 '의지력 부족'이나 '허영심'의 문제가 아닙니다. 수백만 년에 걸친 뇌 진화, 현대 마케팅의 정교한 전략 그리고 인간의 정체성과 소속감을 물질에서 찾으려는 심리적 메커니즘이 복합적으로 작용한 결과입니다. '사고 싶은 마음'이 들 때, 뇌 속에서는 진화적 생존 본능이 최신 마케팅 전략과 데이트 중인 셈이죠.

이 장에서는 충동적 소비의 철학적, 신경학적, 심리학적 근원을 파헤치고, 더 의식적인 소비자가 되기 위한 실용적 전략을 살펴봅니다. 우리가 물건을 사는 게 아니라, 물건이 우리를 사는 상황에서 벗어나는 법을 배우는 것입니다. 결국 진정한 자유는 더 많은 소유가 아니라, 소유에 대한 집착에서 벗어날 때 찾아오니까요.

자, 이제 소비라는 폭풍의 눈 속으로 뛰어들어, 우리의 지갑을 속이는 뇌의 비밀을 파헤쳐볼까요?

〈2〉
덜 갖는 삶을 택한 철학자들의 선택

우리는 왜 자꾸 물건을 사들일까요? 정말 필요해서라기보다는 감정적 공허함이나 사회적 신호, 혹은 '더 나은 나'가 될 수 있다는 착각 때문은 아닐까요? 고대 그리스부터 현대 프랑스까지, 철학자들이 던진 '소유와 행복'에 대한 질문을 살펴봅시다. 덜 가질수록 더 행복할 수 있다는 오래된 역설은, 물질로 넘치는 현대인에게 꼭 필요한 통찰입니다.

물건을 버리고 자유를 얻으라 — 디오게네스

고대 그리스의 철학자 디오게네스는 역사상 첫 번째 미니멀리스트였을 겁니다. 그는 통 하나에서 살면서 소유물을 최소화했고, 이를 통해 최대한의 자유를 얻었다고 주장했습니다.

이런 디오게네스가 오늘날 쇼핑몰에 등장한다면 어떤 반응을 보일까요? 아마 거대한 백화점을 둘러보며 이렇게 말할 것입니다. "이 모든 쓸데없는 물건들을 보라! 사람들은 더 행복해지기 위해 물건을 사지만, 결국 그 물건들의 노예가 된다." 그가 최신 아이폰을 든 사람에게 다가가 "이게 당신을 소유하는 건가요, 당신이 이걸 소유하는 건가요?" 물었다면 상당히 당혹스러운 상황이 연출될 테지요. 디오게네스에게 물질은 자유의 적이었습니다. 손으로 물을 마시는 아이를 보고 "나도 이렇게 할 수 있는데 그릇이 왜 필요하지?"라며 자신이 유일하게 소유했던 그릇조차 버렸다는 일화는 유명합니다.

현대적 관점에서 디오게네스의 극단적 미니멀리즘은 현실과 거리가 있어 보이지만, 그의 질문은 여전히 유효합니다. "정말 필요한 것은 얼마나 될까?" 당신의 집에 있는 물건 중 지난 6개월간 한 번도 사용하지 않은 것들을 떠올려보세요. 옷장 깊숙이 숨어 있는 옷들, 먼지 쌓인 주방 가전제품들, 한 번도 펼쳐보지 않은 책들… 이것들이 정말 당신의 인생에 가치를 더하고 있나요?

디오게네스라면 오늘날의 신용카드를 '빚의 사슬을 스스로 채우는 도구'라고 평가했을 겁니다. 필요하지도 않은 물건을 사기 위해 미래의 자유를 저당 잡히는 현상을 보며 절망했을 테니까요. 그가 제안하는 첫걸음은 간단합니다. 당장 일주일 동안 새로운 소비를 멈추고 이미

가진 것의 목록을 작성하세요. 생각보다 더 자유롭고 풍요로운 자신을 발견하게 될 거예요.

외부가 아닌 내면을 통제하라 — 스토아학파

스토아 철학자들, 특히 세네카와 마르쿠스 아우렐리우스는 우리가 통제할 수 있는 것과 없는 것을 구분하라고 가르쳤습니다. 그들에게 물질적 소유는 대부분 우리의 통제 범위 밖에 있는 것이었지요.

오늘날 블랙프라이데이 쇼핑 광풍을 본다면 세네카는 이렇게 말했을 겁니다. "사람들이 통제할 수 없는 외부 물건들에 행복을 의존하다니 참 슬프군요. 진정한 부는 환경에 흔들리지 않는 내면의 평온함이거늘." 그는 로마의 부자였지만 부를 소유하지 않고 '대여'받은 것으로 여기라고 조언합니다. 언제든 상실할 수 있는 준비를 하라는 뜻이지요.

마르쿠스 아우렐리우스는 "물건을 바라볼 때는 그것의 본질을 보세요. 명품 핸드백은 단지 가죽 조각이며 다이아몬드는 그저 빛나는 돌에 불과합니다. 이들에게 어떤 감정과 가치를 부여하는 것은 당신의 마음이지요"라고 말할 겁니다. 스토아학파는 판단 중지(에포케), 즉 사물에 자동적으로 가치를 부여하지 않는 훈련을 권장했습니다.

오늘날 소비사회에서 스토아학파의 가르침은, "물건이 사라져도 당신은 괜찮습니다"라는 자각으로 실생활에 적용할 수 있습니다. 새 스마트폰을 사기 전에 '이것이 내일 사라진다면 내 행복에 얼마나 영향을 미칠까?' 자문해보는 것이죠. 세네카의 '빈곤 연습'처럼 한 달에 며칠은 의도적으로 가장 기본적인, 심지어 약간 불편한 방식으로 살아보는 것도 도움이 됩니다. 이를 통해 우리는 물질적 편안함 없이도 충분히 행복할 수 있음을 몸으로 체득할 수 있습니다.

물건을 목적으로 삼지 말라 — 칸트

임마누엘 칸트의 의무론적 윤리학은 소비 습관에도 적용할 수 있습니다. 그의 정언명령 중 하나는 "다른 사람을 단순한 수단이 아닌 목적으로 대하라"는 것이었죠. 칸트적 관점에서 보면, 과잉 소비는 종종 다른 사람과 자연을 단순한 수단으로 대하는 결과를 낳습니다.

만약 칸트가 오늘날의 패스트 패션이나 계획적 진부화(planned obsolescence) 전략을 본다면 크게 절망할 것입니다. "단지 일시적 만족을 위해 꼭 필요하지도 않은 옷을 구매하는 행위가 과연 도덕적이라고 할 수 있을까요? 환경 파괴와 노동자 착취가 수반된다면 더더욱 그렇지 않습니다!"라고 말했을 겁니다. 칸트에게 소비 행위는 단순한 개인적 선호가 아니라 도덕적 결정의 영역에 속했습니다.

또한 소비가 자기 목적화되는 현상을 경고할 겁니다. "물건을 통해 자신의 가치를 찾으려는 순간, 오히려 물건에 종속되는 처지가 됩니다." 현대 소비주의의 중심적 모순을 지적하는 말이기도 합니다. 우리는 물건을 소유하기 위해 존재하게 되고, 물건이 우리를 소유하게 되는 역설이 발생합니다.

현대적 맥락에서 칸트의 철학은 '윤리적 소비'로 해석할 수 있습니다. 제품을 구매할 때 단순히 '내게 좋은가?'만 생각하지 않고 '이 구매 결정은 보편적 원칙이 될 수 있는가?' '이 제품의 생산 과정에서 누군가가 단순한 수단으로 취급되지는 않았는가?'를 고려하는 것이죠. 물건을 살 때 가격표 이면의 인간과 자연을 생각하는 윤리적 책임이 필요하다는 의미입니다.

덜 가질 때 비로소 마음이 채워진다 — **노자와 불교**

동양 철학도 소비와 소유에 대한 깊은 통찰을 제공합니다. 노자의 도가 철학은 "더함으로써가 아니라 덜어냄으로써 충만해진다"고 가르칩니다. 《도덕경》에는 "욕망을 줄이면 평화에 이르고, 소유를 줄이면 혼란을 피한다"는 구절이 있습니다.

노자가 홈쇼핑 채널을 본다면 "사람들이 왜 자신의 본성과 반대되는 방향으로 가는지 이해할 수 없군요. 더 많은 물건이 더 많은 걱정과 집착을 낳는데, 왜 그렇게 애쓰나요?" 의아해할 겁니다. 도가 철학에서 볼 때, 끊임없는 소비는 '도(道)'에서 멀어지는 행위입니다. '도'는 자연스러움과 균형을 의미하는데, 과잉 소비는 그 균형을 깨뜨리기 때문이지요.

불교 철학은 '무소유'의 개념을 중심으로 소비를 바라봅니다. 물질에 대한 갈망(탐욕)은 고통의 원인이라고 생각하지요. 우리가 물건에 자아를 투영하기 때문입니다. '이건 내 것'이라는 생각 자체가 고통의 씨앗이 됩니다.

불교적 관점에서 현대 소비주의는 "사람들은 영구적인 행복을 줄 수 없는 일시적인 것들에 집착하고 있군요"라고 설명될 수 있습니다. 물질에 대한 집착은 결국 '무상(無常, 모든 것은 변하고 사라진다)'의 진리와 충돌하기 때문입니다. 우리가 애착을 갖는 물건도 결국은 낡고 부서지거나 잃어버립니다.

불교의 '마음챙김(mindfulness)'은 소비 충동에 대한 자동 반응을 멈추고, 지금 내가 이 제품을 원하는 이유가 무엇인지, 진짜 필요성은 무엇인지 자문하는 것입니다. 쇼핑몰에서 새 옷을 사기 전에 '이 옷이 나의 행복에 얼마나 지속적으로 영향을 줄 수 있을까?' 생각해보는 것입니다.

우리는 물건보다 이미지를 소비한다 — 보드리야르

프랑스 철학자 장 보드리야르는 우리가 단순히 물건 자체가 아니라, 그것이 상징하는 '기호'를 소비한다고 주장했습니다.[53] 루이비통 가방을 살 때 가방 자체보다 그것이 상징하는 '지위', '우아함', '성공' 같은 이미지를 구매하는 것이죠.

보드리야르에 따르면, 현대 소비는 일종의 언어가 되었습니다. 우리는 물건을 통해 자신의 정체성, 가치, 소속감을 '말하고' 있습니다. "내가 아이폰을 쓴다는 것은 내가 어떤 사람인지 말해주는 기호야", "내가 파타고니아 재킷을 입는다는 것은 내가 환경을 생각하는 사람임을 보여주지" 식입니다.

문제는 이런 소비의 기호학이 실제 필요나 기능과 완전히 분리된다는 점입니다. 우리는 실용적 가치가 아니라 끊임없이 변하는 상징적 가치 때문에 물건을 삽니다. 그래서 소비 욕망은 결코 완전히 충족할 수 없습니다.

보드리야르의 통찰은 현대 소비자로서 '나는 정말 이 제품을 원하는가, 아니면 이것이 상징하는 이미지를 원하는가?' 질문하게 합니다. 새 스마트폰을 사고 싶은 이유가 제품의 기능적 개선 때문인지, 아니면 '트렌디한 얼리어답터'이라는 정체성 때문인지 짚어볼 필요가 있습니다.

여기서 우리는 진지하게 물어야 합니다. "내가 소비를 통해 표현하고자 하는 것은 진정한 나인가, 아니면 타인의 시선에 비친 이미지인가?" 내 자아가 상품이 상징하는 가치로 정의된다면, 그것이 과연 진정한 나 자신일까요?

⟨3⟩
지갑을 여는 건 결국 뇌의 회로다

◐

'내가 이걸 왜 또 샀지?' 지출 후 찾아오는 후회는 의지력 부족만의 문제가 아닙니다. 사실 우리가 쇼핑몰을 방문하기 훨씬 전부터 뇌는 이미 지갑을 열 준비를 끝내고 있었거든요. 뇌의 보상 회로는 "이걸 사면 행복해질 거야!" 유혹을 보내고, 감정 센터는 제품을 보자마자 흥분하며, 사회적 모방 시스템은 "남들도 다 사는데 나만 없으면 안 되지!"라며 결정을 부추깁니다. 다섯 가지 주요 뇌 구조와 회로를 따라가면서, 우리가 무심코 지갑을 여는 이유의 비밀을 풀어봅시다.

구매 버튼을 누르게 하는 속삭임, 도파민

한정판 신발 알림을 보는 순간, 손가락은 결제 버튼 위에서 떨립니다. 이때 뇌 속의 쇼핑 영업사원 도파민이 속삭이지요. "놓치면 후회할걸?" 특히 도파민은 희소성과 경쟁이 있는 상황에서 강력히 활성화됩니다. '남은 수량 1개!' '세일 마감 임박!' 같은 자극은 이성적 판단을 담당하는 전전두엽을 무력화시킵니다. 빨간색 배너와 카운트다운 타이머가 쇼핑몰마다 흔한 이유도 도파민을 효과적으로 자극하기 때문이지요.[54]

도파민은 앞서 살펴본 대로, 실제 보상보다 기대감에 더 강하게 반응합니다.[55] 그래서 물건을 사는 순간보다 물건을 탐색하는 과정이 더 즐겁고 중독적이지요. 문제는 현대의 마케팅이 이 본성을 집요하게 공략하여 소비자들을 계속 구매의 함정에 빠뜨린다는 점입니다. SNS의 끝없는 스크롤, 세일과 할인 문구의 무한한 유혹 등 모든 것이 우리의 도파민 회로를 과열시킵니다.[56]

이처럼 도파민은 충동구매를 부추기는 핵심 뇌 호르몬입니다. 우리의 뇌는 새로운 자극과 보상 가능성에 민감하게 설계되어 있어, 새로운 물건을 발견했을 때 이를 획득하면 어떤 즐거움이 기다릴지 예측하며 흥분 상태로 들어갑니다. 하지만 역설적이게도, 실제로 그 물건을 손에 넣는 순간 도파민은 급격히 감소하고, 기대했던 만족 대신 허무한 감정만 남습니다. 이 공허함은 다시 새로운 도파민 자극을 추구하게 만들고, 결국 끊임없는 소비의 악순환이 이어집니다.

도파민의 유혹에서 벗어나려면, 충동 구매 직전에 뇌의 흥분 상태를 잠시 식히는 짧은 지연 전략이 필요합니다.[57] 쇼핑 아닌 다른 활동을 통해 도파민을 자극하는 새로운 경로를 만드는 방법도 효과적입니다.[58] 충동 구매가 습관이 된 사람은 뇌의 보상 회로가 쇼핑에만 집중되어 다른 즐거움을 놓칩니다. 일상의 작은 성취와 건강한 자극을 의식적으로 즐기는 습관을 만든다면, 도파민의 과도한 유혹에서 점차 벗어날 수 있습니다.

장바구니 앞에서 졸고 있는 전전두엽

진화적으로 인간의 뇌에서 가장 새로운 부분인 전전두엽은 '최고 경영자' 역할을 합니다. 계획, 논리적 사고, 충동 조절, 미래 예측 등 고차원적 인지 기능을 담당하지요. 쇼핑 충동이 일어날 때, 전전두엽은 "정말 필요해?" "감당할 수 있겠어?" "장기적으로 어떤 결과가 있을까?" 같은 질문을 던져야 합니다.

하지만 현대의 소비 환경은 전전두엽이 제대로 기능하기 어렵게 만듭니다. 무수한 광고와 마케팅 메시지는 전전두엽을 우회하여 직접 감정적인 뇌 부분을 자극하도록 설계되었지요.⁵⁹ "○○마켓 특가! 오늘 자정까지!"라는 메시지는 차분히 생각할 시간을 주지 않고 즉각적인 반응을 유도합니다.

피로하거나 스트레스에 시달릴 때, 술 한잔 했을 때 우리의 전전두엽은 쉽게 무력해집니다.³⁸ 피곤한 저녁 시간에 온라인 쇼핑을 하면 충동구매가 더 심해지는 이유이지요. 주류 브랜드들이 밤 시간에 "힘든 하루 보내셨죠? 이 맥주 한잔으로 위로받으세요"라는 광고를 쏟아내는 것도 이미 전전두엽이 약화된 상태를 노리는 맥락입니다.

전전두엽이 제대로 작동하려면 계획적이고 의도적인 쇼핑 습관이 필요합니다. 미리 작성한 쇼핑 목록을 점검하거나 구매 직전, 잠시 필요성을 숙고하는 간단한 행동만으로도 충동을 줄이는 데 큰 도움이 됩니다. 너무 피곤하거나 스트레스가 심할 때는 아예 쇼핑 자체를 피하는 것이 현명합니다.

쇼핑의 달콤한 기억을 저장하는 해마

기억 형성에 중요한 역할을 하는 뇌 구조해마(Hippocampus)는 소비 결정에도 상당한 영향을 미칩니다. 이전의 긍정적 쇼핑 경험(첫 월급으로 산 옷, 승진 축하로 구입한 시계 등)은 해마를 거쳐 장기기억으로 전환되며 유사한 쇼핑 상황에서 유쾌한 감정을 불러일으키지요. 이러한 긍정적 기억이 무의식적으로 작용해 우리는 비슷한 구매를 반복합니다.

마케팅 전문가들은 노스탤지어와 긍정적 연상을 자극하는 전략을 즐겨 사용합니다.[60] 그래서 크리스마스 시즌의 광고가 유독 어린 시절 향수를 자극하는 것입니다. 이렇게 형성된 감정적 연결은 제품의 실제 가치보다 강력한 구매 동기가 됩니다.

해마는 부정적 경험을 저장하는 데도 관여합니다. 충동구매 후 느낀 후회감이나 카드 결제일의 스트레스, 방치된 물건으로 인한 혼란 등이 기억으로 남습니다. 이러한 부정적 기억을 의식적으로 활용하면 현명한 소비 습관을 만들 수 있습니다.[61] 이러한 기억은 반복적인 소비 충동을 억제하는 강력한 경고 신호로 작용합니다.

해마의 영향력을 현명하게 이용하려면, 충동구매 후의 부정적 감정을 간단히 적는 습관을 들이세요. 이 기록을 통해 충동이 재발할 때 부정적인 기억을 쉽게 떠올릴 수 있습니다. 물건 대신 여행이나 문화 활동 같은 경험에 투자하면, 해마가 더 풍부하고 지속적인 행복의 기억을 저장할 수 있습니다.[62]

유행을 따르는 본능, 거울 뉴런

인간의 뇌는 근본적으로 사회적입니다. 사람은 끊임없이 타인과 자신을 비교하고 남의 행동을 모방하며 사회적 승인을 추구합니다. 이런 특성은 소비 패턴에도 큰 영향을 끼칩니다. 특히 현대 사회는 소셜 미디어를 통해 타인의 소비를 더욱 쉽고 빠르게 접하게 만들었습니다.

뇌에는 '거울 뉴런'이라는 특별한 세포들이 있는데, 이들은 타인의 행동을 관찰할 때 활성화됩니다.[63] 친구가 새 스마트폰을 구매하는 모습을 보면, 이 뉴런들은 마치 내가 직접 그 행동을 하는 것처럼 반응하여 모방 욕구를 자극합니다. 소셜미디어는 이러한 효과를 더욱 증폭시킵니다. 다른 사람의 생활과 소비가 실시간으로 공개됨에 따라, 거울 뉴런의 영향력은 그 어느 때보다 강력해진 것입니다.

또한 사회적 비교는 '상대적 박탈감'을 유발합니다.[64] 친구, 동료, 소셜미디어 속 사람들과 자신을 비교하여 상대적으로 부족하다고 느끼면, 이를 메우기 위한 소비 행동이 촉발됩니다. '친구들은 다 명품 가방인데 나만 없어'라는 생각이 충동구매로 이어지지요. 결국 소비는 개인의 필요보다 집단적 욕망을 반영하게 됩니다.

흥미롭게도 이러한 사회적 영향력은 양날의 검입니다.[65] 적절히 활용하면 오히려 현명한 소비를 촉진할 수 있습니다. 예컨대 미니멀리즘을 실천하는 사람들과 가까이 지내거나, 환경 친화적 소비를 지향하는 커뮤니티에 속하는 것만으로도 소비 습관은 자연스럽게 바뀔 수 있습니다.

사회적 뇌의 영향력을 조절하려면 먼저 '사회적 증거'의 기준을 바꾸어야 합니다. 단순히 남들이 하니까 따라가는 소비가 아니라, 자신의 가치관과 진정한 욕구에 따라 행동하는 소비로 전환해야 합니다. 남의 선택에 휘둘리지 않을 때 비로소 소비의 주도권을 되찾을 수 있기 때문입니다.

〈4〉
장바구니는 찼는데 마음은 비어 있다

쇼핑은 단순한 지출이 아니라 심리적 공백을 메우기 위한 무의식적 시도일 때가 많습니다. 우리는 고독, 불안, 정체성의 혼란 같은 감정을 사들이는 행위로 잠시 덮으려 하지요. 하지만 뇌는 그 순간의 보상에는 반응해도, 그 감정의 뿌리까지 해결해주진 않습니다. 쇼핑이 어떤 감정적 동기에서 비롯되는지, 그 만족은 왜 지속되지 않는지를 심리학적으로 풀어보며, 소비라는 일상 행위 뒤에 숨겨진 마음의 진짜 표정을 들여다봅시다.

공허함을 채우는 소비

"우울할 때 쇼핑하면 기분이 좋아져요." 이른바 '쇼핑 테라피'는 현대 사회에서 흔히 언급되는 스트레스 해소법이 되었습니다. 문제는 이것이 진정한 테라피가 아니라는 사실이지요.

심리학적으로 보면, 감정적 공허함을 물질로 채우려는 시도는 일시적 안도감은 줄지 모르나 근본적인 문제는 해결하지 못합니다. 마치 배고픔을 물로 채우는 것처럼, 잠시 포만감은 들지만 금세 더 강한 허기가 찾아오지요. 이 패턴이 지속되면 악순환이 발생합니다. 부정적 감정→쇼핑→일시적 기쁨→더 깊은 공허함→더 많은 쇼핑. 이 악순환의 중심에는 뇌의 보상회로가 강하게 작용합니다.

온라인 쇼핑은 이 현상을 더욱 강화합니다. 클릭 한 번으로 24시간 언제든 구매할 수 있고, 배송 추적은 기대감을 지속시키며, 언박싱(unboxing)은 추가적인 도파민 보상을 제공하지요. 그러나 이 모든 과정이 끝나면 다시 원점으로 돌아가고, 때로는 죄책감까지 더해집니다. 온라인 소비의 용이성은 공허함을 채우기 위한 쇼핑 습관을 더욱 만성화시키는 원인이 됩니다.

쇼핑 중독은 비교적 '사회적으로 용인되는' 중독 형태입니다. "물건을 사면 행복해져!" "나는 쇼핑 힐링이 필요해" 등의 말을 자주 들을 수 있지요. 하지만 신경과학적 관점에서 쇼핑 중독은 다른 중독과 매우 유사한 뇌 활동 패턴을 보입니다. 앞서 살펴본 도파민 중심의 보상 회로가 쇼핑에도 똑같이 작용하기 때문입니다.[66]

이 패턴에서 벗어나려면 자기 감정을 인식하고 충동을 해소하는 다른 방법을 찾아야 합니다. 또한 충동구매 후의 감정을 기록하면서 자신의 소비패턴을 되돌아보고 점검할 필요가 있습니다. 쇼핑이 아닌 진짜 내면의 결핍을 채우는 방법을 찾아야, 비로소 공허함의 악순환에서 벗어날 수 있습니다.

. '더 나은 나'를 사다

많은 구매 결정은 단순한 필요가 아니라, '이 제품이 나를 어떤 사람으로 만들어 줄까?'라는 질문에 기반합니다. 애플 제품을 구매하려는 이유가 단순히 기기를 사는 것이 아니라 '창의적이고 세련된 사람'이라는 정체성을 사려는 것일 수 있습니다. 요가 매트와 고급 레깅스를 사는 것은 '건강하고 웰빙을 추구하는 사람'이라는 자아상을 구매하려는 목적일 수 있지요.

이러한 정체성 기반 소비는 엄청나게 강력합니다. 단순한 물욕보다 자신이 되고 싶은 이상적 자아상에 대한 욕망이 훨씬 더 깊고 지속적인 심리적 동기를 부여하기 때문입니다. 고객에게 "당신은 어떤 사람

인가요?"라는 질문에 소비를 통해 답하게 하는 마케팅이 매우 효과적인 이유입니다.[67]

이 함정에서 벗어나려면 우선 제품과 정체성을 분리하는 연습이 필요합니다. '이 운동화가 없어도 나는 여전히 운동하는 사람'이라고 인식해야 합니다. '내가 정말 되고 싶은 사람은 어떤 모습인가?'를 소비와 무관하게 정의하는 것도 중요합니다. 소비를 통해 순간적으로 형성된 정체성이 아니라, 일상의 작은 행동을 통해 지속적이고 일관된 나만의 정체성을 쌓아가야 합니다.

'놓치면 후회할 거야!'

마케팅에서 가장 강력한 도구 중 하나는 FOMO와 희소성의 원칙입니다. "한정판!" "오늘 하루만!" "곧 품절!" 같은 문구들이 구매 결정에 얼마나 강력한 영향을 미치는지 생각해보세요.

이런 전략이 효과적인 이유는 뇌가 잠재적 손실에 특별히 민감하게 반응하도록 진화했기 때문입니다. 심리학자들은 이를 '손실 회피 편향'이라고 부릅니다. 우리는 동일한 가치의 획득보다 손실에 약 2배 더 민감하게 반응한다는 말이지요.[68] 놓친 할인 기회에 대한 후회가 실제 얻는 경제적 이득보다 훨씬 강렬하게 느껴지는 이유입니다.

더욱 흥미로운 사실은 FOMO 효과가 물건뿐만 아니라 경험, 관계 등 다양한 영역에서도 나타난다는 점입니다. 소셜미디어는 이를 더욱 극대화합니다. 인스타그램 속 사람들이 새로운 트렌드, 경험, 제품을 즐기는 모습을 보면 '나만 뒤처지고 있나?'라는 불안과 초조를 느낍니다. 이를 해소하기 위해 충동구매가 발생하지요.

희소성과 FOMO의 함정을 피하려면 충동에 즉시 반응하지 않는 습관이 중요합니다. '놓치면 후회한다'는 불안 대신 '정말 가치 있는지?' 질문하는 작은 멈춤, 지금 가진 것에 대한 감사함은 충동구매의 유혹을 매우 약화시킬 수 있습니다. 대부분의 '한정' 혜택은 반복되며, 놓쳐도 내 삶은 달라지지 않습니다. 놓친 것에 대한 아쉬움보다 불필요한 소비로 인한 후회가 더 오래 남는다는 사실을 기억하세요.

외로워서 '구매하기'를 클릭한다고?

외로움을 느끼면 우리는 본능적으로 다른 사람과의 연결을 갈망합니다. 친구에게 전화를 걸어 직접 소통하는 방법도 있지만, 많은 사람들은 그 갈망을 해소하는 가장 빠르고 쉬운 방법으로 쇼핑몰 앱을 열지요. 하버드 대학의 유명한 행복 연구는 80년 이상 사람들의 삶을 추적하면서, '좋은 인간관계'가 행복과 건강을 결정하는 가장 중요한 요인이라는 결론을 내렸습니다.[69] 그러나 현대 사회에서는 이 중요한 연결의 자리를 종종 소비가 대신합니다.

심리학자 팀 케서는 외로움과 물질주의의 관계를 이렇게 설명합니다. "외로움은 물질주의를 키우고, 물질주의는 다시 외로움을 심화시키는 악순환을 만든다."[70] 우리는 외로움을 달래기 위해 물건에 집착하지만, 결국 이 과정에서 진정한 관계를 소홀히 여기고 맙니다.

온라인 쇼핑은 이 현상을 더욱 빠르고 쉽게 만듭니다. 단 몇 번의 클릭으로 즉각적인 도파민 보상을 얻을 수 있지요. 외로움을 자주 느끼는 사람들은 그렇지 않은 사람들보다 온라인 쇼핑 사이트에 머무는 시간이 훨씬 길다고 합니다.[71]

이러한 심리는 소셜미디어와 쇼핑의 결합에서 정점을 찍습니다. 타인의 일상을 보며 상대적 결핍을 느끼고, 그 결핍을 곧장 쇼핑으로 채우는 구조. '연결의 갈망'이 '구매하기 버튼 클릭'으로 전환되는 순간, 우리는 점점 더 고립되고 더 많이 구매하게 됩니다.

이 악순환에서 벗어나려면 물건이 아니라 사람에게 집중해야 합니다. 온라인 쇼핑몰 앱을 열고 싶을 때 전화 한 통을 걸거나 가벼운 산책을 나서는 것만으로도 소비 욕구는 현저히 줄어듭니다. 물건으로는 채워지지 않는 빈자리는 결국 '관계의 공간'이라는 사실을 명심해야 합니다.

왜 버리지 못할까?

충동적 쇼핑만큼이나 문제인 것은 불필요한 물건들을 버리지 못하는 현상입니다. 행동경제학자들은 이를 '소유 효과(endowment effect)'라고 부릅니다. 인간은 일단 소유한 물건에 객관적 가치보다 훨씬 높은 가치를 부여하는 경향이 있습니다.

참가자들에게 커피잔을 제공하고 그것을 다시 판매하게 한 실험에서, 그들은 구매할 때 지불할 의향이 있는 금액보다 평균 2-3배 높은 가격을 요구했습니다. 단지 잠시 그것을 '소유했다'는 이유만으로요.[72] 이러한 편향은 왜 우리 집에 수년간 사용하지 않는 물건들이 계속 쌓여가는지 잘 설명해줍니다.

소유 효과 외에도 물건은 감정적 의미를 지니기도 합니다. "할머니가 물려주신 거예요", "첫 월급으로 샀어요", "행복했던 옛날을 기억나게 해요" 같은 문장들은 단순한 물건을 감정적 기념품으로 변화시킵니다. 문제는 이러한 감정적 연결이 너무 많은 물건에 형성되면, 집 전체가 과거의 감정적 기념품 창고가 된다는 사실입니다. 결국 물건이 내 삶의 공간과 정신적 에너지를 차지하면서 현재의 행복을 제한하는 상황으로 이어질 수 있습니다.

미니멀리스트 전문가 곤도 마리에의 "기쁨을 주는가?"라는 질문이 인기를 끈 이유이지요. 그녀의 접근법은 소유 효과와 감정적 집착에서 벗어나, 현재 시점에서 그 물건이 실제로 가치를 주는지 평가합니다.

소유 효과를 극복하는 방법으로는 '빌린 물건'처럼 생각하는 마인드셋, 사용 기한을 정하는 규칙, 사진 등 디지털 형태로 간직하기 등이 있습니다. 한 미니멀리스트는 이렇게 조언합니다. "물건을 보내는 것은 추억을 버리는 게 아닙니다. 사진 한 장과 감사의 마음으로 물건을 떠나보내면, 오히려 더 많은 공간과 자유를 얻게 됩니다."

⟨5⟩
소비 본능을 다루는 뇌의 훈련법

◐

소비는 우리 마음의 진통제와 같습니다. 순간적으로 스트레스와 외로움, 무료함을 덜어주지만, 효과는 곧 사라지고 다시 허무함과 죄책감이 밀려오지요. 단순한 의지만으로 소비 습관을 바꿀 수는 없습니다. 그래서 감정과 충동을 현명하게 다스리는 '뇌 사용법'을 소개합니다. 목표는 소비를 완전히 끊는 것이 아니라, '덜 후회하고 더 만족스러운 소비'로 나아가는 것입니다.

◎ 결제 버튼 앞에서 멈추라 — 7일 소비 디톡스 작전

"지갑을 열기 전에 뇌를 잠깐 멈추면, 충동이 아닌 선택이 시작된다."

목표
- 7일간 비필수 소비 완전 중단
- 감정 기반 소비 충동을 인식하고 차단
- "사지 않아도 괜찮다"는 뇌 회로 복원하기

소비 디톡스 작전 매뉴얼

1. '사지 않기' 선언부터 시작하라
→ 오늘부터 7일간 의류, 외식, 쇼핑, 앱 결제 금지
→ 기준이 모호하면 뇌는 빠져나간다. '금지 항목'을 구체적으로 작성
  왜? — 결정을 명확히 해야 뇌는 회피 대신 절제를 시작합니다.

2. '지금 왜 사고 싶지?'를 적으라
→ 충동이 생긴 순간을 시간 / 감정 / 장소로 기록
→ 기록이 곧 자각이다. 사고 싶을 때마다 메모 앱 켜기
  왜? — 충동은 빠릅니다. 글로 옮기면 느려지고, 느려지면 이성에 닿습니다.

3. '대신할 행동' 3가지를 정하라

→ 미리 정해둔 짧은 행동으로 반사 반응을 교체

→ 예) 물 마시기 / 산책 / 타이머 3분 / 명상 앱 1회

왜? — 뇌는 보상을 원합니다. "사지 않아도 기분 풀 수 있다"는 경험이 필요합니다.

4. 지름신 차단 환경 만들기

→ 쇼핑 앱 삭제, 카드 대신 현금, SNS 타임라인 숨기기

→ 눈앞의 자극이 없으면 뇌도 조용해진다.

왜? — 소비 충동의 80%는 시각 유혹에서 시작됩니다.

5. 잠들기 전, 뇌 리포트 쓰기

→ 하루 한 번, 다음 3가지를 써본다.

→ 오늘 가장 사고 싶었던 순간은? / 왜 그랬을까? / 결국 어떻게 대응했나?

왜? — 하루 정리는 뇌의 통제 회로를 훈련시키는 시간입니다.

6. 내가 쓴 소비 해독 공식 만들기

→ 예) "나는 스트레스를 받으면 쇼핑 욕구가 올라간다. 이럴 땐 물 한 잔 + 타이머 3분으로 뇌를 식힌다."

→ 반복해서 쓰고, 눈에 보이는 곳에 붙이라. 자주 보면 뇌는 그 공식을 '기억'한다.

왜? — 감정 → 소비의 자동회로 대신, 감정→의식→행동의 새로운 경로를 뇌에 새겨 넣습니다.

- 7일 소비 디톡스 작전 완료 후, 2주, 30일 도전 등으로 확장 가능!
- 멈춰야 할 건 결제가 아니라 뇌의 충동입니다.
- 이 7일은 단순히 소비를 참는 시간이 아닙니다. 뇌가 소비를 '선택'할 수 있게 만드는 중요한 연습입니다.

◎ 지갑으로 삶의 방향을 정하라 — 가치 기반 예산 실전법

> "돈은 단순한 숫자가 아니라, 내가 꿈꾸는 삶을 그리는 도구다."

목표
- 소비를 숫자가 아닌 '가치'로 관리하기
- '왜 이걸 사는가?'를 스스로 물으며 우선순위 정비
- 돈을 쓸수록 삶이 내 방향으로 움직이게 만들기

가치 기반 예산 매뉴얼

1. 내 삶의 우선순위 5가지를 적으라

→ 지금 이 시점에서 가장 중요한 가치 5가지를 종이에 쓰기

→ ㉿ 건강 / 배움 / 가족 / 자유 / 창의성 등

왜? — 소비는 결국 '시간과 에너지의 사용법'입니다. 우선순위를 모르

면 아무 데나 흘러갑니다.

2. 지난달 카드 내역을 가치로 분류하라

→ 1~3개월치 소비 항목을 확인하고, 각 항목이 어떤 가치를 반영하는 소비였는지 메모하기

→ ㉠ PT 등록 = 건강 가치 / 명품 가방 = 사회적 인정

왜? — 숫자가 아니라 의미로 봐야, 소비의 방향이 보입니다.

3. '가치 불일치 지출'을 색칠하라

→ 내 삶의 우선순위와 어긋나는 지출에 형광펜 표시

→ ㉠ 주말마다 무의미한 쇼핑 / 남들 따라 산 정장

왜? — 낭비는 돈이 아니라 방향 없는 소비입니다.

4. 가치 일치 비율을 계산하라

→ 전체 소비 중 '내 가치와 일치한 지출'의 비율 대략 계산

→ ㉠ 총 200만 원 중 90만 원만 내 우선순위에 부합

왜? — 숫자는 마음을 현실로 끌어냅니다.

5. 가치 중심 소비 규칙을 정하라

→ 자기만의 소비 철학을 문장으로 만들라

→ ㉠ "건강, 배움, 사람을 위한 소비는 주저 없이 한다", "브랜드가 아니라 내 취향에 따라 산다", "소유보다 경험에 투자한다"

왜? — 소비는 습관입니다. 방향 있는 습관은 삶을 바꿉니다.

- 가치 소비는 절약을 넘어서 "나는 어떤 삶을 살고 싶은가"라는 질문에 지갑을 통해 답하는 도구입니다.
- 가치 기반 예산은 월급 관리가 아니라, 삶의 우선순위를 실현하는 방법입니다.
- 가치 소비를 통해 삶의 의미를 채울 수 있습니다.

◎ **지금, 정말 필요한가?** — 마음챙김 소비 트레이닝

"한 번 멈추고 관찰하면, 소비는 충동이 아니라 선택이 된다."

목표

- 충동적 소비를 무작정 억제하는 게 아니라, 충동 자체를 관찰하고 자각하기
- 소비 전 '왜?'라는 질문을 통해 자동 소비 습관을 끊기
- '내가 진짜 원하는 소비'로 주도권을 되찾기

마음챙김 소비 실전 매뉴얼

1. 충동이 올라오면 '5초 멈춤'을 실행하라

→ 무언가 사고 싶을 때, 손을 멈추고 호흡에 집중

→ ㉠ 5초 동안 눈 감고 심호흡 1회

왜? — 이 짧은 멈춤이 충동에서 관찰로 전환되는 첫 단추입니다.

2. 내 몸과 마음이 어떻게 반응하는지 관찰하라

→ 소비 충동을 느낄 때 "지금 내 몸이 이렇게 반응하는구나"를 인식하기

→ 심장이 빨라지는가? 손이 움직이는가? 눈이 멈추지 못하는가?

왜? — 충동을 객관화하면 자동 반응이 약해집니다.

3. 소비 충동의 감정적 원인을 명확히 하라

→ 충동이 생긴 순간의 감정을 명확하게 표현하기

→ ㉠ 허전함 / 지루함 / 보상심리 / 인정욕구 / 불안감

왜? — 감정을 명확히 하면 소비 충동 뒤에 숨은 진짜 동기를 볼 수 있습니다.

4. 소비 욕구에 '질문'으로 대응하라

→ 충동이 올라올 때, 즉시 판단하지 말고 스스로에게 질문을 던져라.

→ "이것이 지금 꼭 필요한가?", "이 소비가 내 삶에 어떤 가치를 주는가?", "하루 뒤에도 사고 싶을까?"

왜? — 질문은 습관적 소비를 선택적 소비로 바꾸는 힘입니다.

5. 결정 전에 시간적, 물리적 거리를 확보하라

→ 충동구매는 '지금 당장'이 핵심, 비필수 소비는 24시간 보류 원칙을 적용하기

→ ㉠ 앱 삭제, 장바구니 저장, 매장 밖 걷기

왜? — 충동은 짧고 시간은 약입니다.

- 마음챙김 소비는 소비 충동과 싸우는 게 아니라, 그것을 이해하고 조율하는 법을 배우는 훈련입니다.
- 소비가 감정 해소가 아니라 의식적 선택이 되도록 돕는 방식입니다.
- 결국 소비 자체를 줄이는 것이 아니라, 내 진짜 욕구와 삶의 방향에 맞게 소비를 재설계하는 것이 목표입니다.

◎ 물건보다 기억에 투자하라 — 경험 소비 전략

"물건은 사라지지만, 기억은 오래 남아 삶을 채운다."

목표

- 순간의 가치보다 오래 지속되는 기억에 투자하기
- '쌓이는 물건' 대신 '쌓이는 관계, 감정, 성장'으로 소비 방향 전환
- 소비를 통해 삶의 만족도를 높이는 전략 익히기

경험 소비 실전 매뉴얼

1. 물건 대신 '기억이 남을 일'을 우선하라

→ 소비 전에 "이 소비가 1년 뒤에도 기억될까?" 질문하기

→ 소비 목록에서 경험과 물건의 비율을 7:3 이상으로 유지하기

왜? — 기억에 투자하는 소비는 시간이 지날수록 가치가 커지고, 장기적으로 삶의 만족감을 높입니다.

2. 경험에 '감정'과 '관계' 요소를 반드시 넣으라

→ 가족, 친구와의 관계를 강화하는 경험 선택하기 (함께 떠나는 여행, 가족 캠핑 등)

→ 감정을 자극하는 새로운 도전 포함하기 (새로운 클래스, 혼자 떠나는 여행)

왜? — 감정과 관계가 결합된 경험은 더 강렬하게 기억되고, 오랜 시간 의미 있게 남습니다.

3. 선물도 '소유 아닌 순간'으로 바꾸라

→ 물건 대신 경험형 선물 선택(콘서트 티켓, 워크숍 참여권 등)

→ 중요한 사람들과 함께한 순간을 사진으로 기록하고 공유

왜? — 경험 선물은 받는 사람과의 관계를 더욱 깊게 만들고, 그 순간을 오래 기억하게 합니다.

4. 소비 전, 경험을 먼저 '달력에 예약'하라

→ 이번 달에 꼭 하고 싶은 경험 최소 하나 이상 미리 달력에 기록하기

→ 경험 일정을 친구나 가족과 공유하고 함께 계획하기

왜? — 미리 계획된 경험은 충동적 소비를 방지하며, 지속적인 기대감과 삶의 질을 높여줍니다.

- 경험 소비는 단순한 낭비 방지가 아니라, 소비를 '삶을 풍요롭게 하는 전

략'으로 만드는 기술입니다.
- 기억은 가장 지속적이며 가성비가 높은 소비입니다.
- 당신의 인생은 얼마나 많은 물건을 소유했느냐가 아니라, 얼마나 많은 의미 있는 순간을 경험했느냐로 평가됩니다.

⟨6⟩
찌름신 뒤에는 감정이 숨어 있다

◐

누구나 한 번쯤 "그냥 기분 전환용이야"라는 말로 자신을 설득하며 무언가를 산 적이 있을 겁니다. 소비의 근본적인 동기는 실제 필요보다는 감정일 때가 많습니다. 다양한 감정들은 때로 지갑을 열게 만드는 보이지 않는 손이 됩니다. 충동을 극복하고 소비의 주도권을 되찾은 사람들의 이야기를 통해, 나만의 소비를 새롭게 설계하는 방법을 살펴봅시다.

쇼핑 대신 나를 채우기

30대 직장인 민지는 늘 궁금하다. '이렇게 열심히 일하는데 왜 남는 게 없지?' 월급이 들어오면 얼마 지나지 않아 사라졌고, 카드 명세서에는 충동구매의 흔적이 빠지지 않았다. 옷장은 꽉 찼지만 아침마다 입을 옷이 없다는 말이 습관처럼 튀어나왔다. 어느 날, 장바구니에 가득 담긴 목록을 들여다보던 민지는 문득 '내가 진짜 원하는 게 이 물건들일까?'라는 생각에 멈춰 섰다.

그날 이후 그녀는 '7일 쇼핑 디톡스'를 시작했다. 구매 대신 감정을 기록했다. 쇼핑하고 싶은 순간마다 멈추고, 그 감정의 정체를 적었다. 일기에는 놀라운 패턴이 드러났다. 상사에게 혼난 날, 친구가 새 가방을 자랑한 날, 엄마와 다툰 밤. 그때마다 그녀의 마음엔 '뭔가 사고 싶다'는 충동이 강하게 올라왔다. 민지는 그 충동을 다른 방식으로 풀기로 했다. 불안을 느끼면 산책을 나갔고, 열등감이 올라올 땐 감사일기를 썼으며, 위로가 필요할 땐 친구와 통화했다. 감정에 소비로 반응하지 않는 훈련을 시작한 것이다.

쇼핑 디톡스가 끝난 뒤, 민지는 돈을 다루는 방식을 근본적으로 바꾸기로 결심했다. 수입의 절반은 필수 지출, 30%는 미래 투자, 나머지 20%는 '현재의 즐거움'에 쓰되, 그 기준을 경험과 의미로 재정의했다. 새 옷과 가방 대신 여행, 취미 클래스, 양질의 식사에 예산을 썼고, 그 만족감은 이전보다 훨씬 컸다. 또다른 규칙도 생겼다. 모든 구매 전 24시간 심사숙고. 충동은 시간을 이기지 못했고, 장바구니에 담겼던 물건들 중 절반은 삭제되었다.

일 년이 흐른 지금, 민지의 저축률은 이전의 5%에서 35%로 늘

었고 삶의 만족도는 그보다 더 커졌다. 옷장은 작아졌지만 여유로운 시간은 늘어났고, 불필요한 소비로 인한 불안이 눈에 띄게 줄었다. "소비가 위안이던 시절이 있었어요. 지금은 삶이 위안이 되기 시작했죠." 민지의 변화는 감정에 반응하는 방식을 바꾸는 데서 출발했다. 그리고 그 작은 전환이 인생의 방향을 바꿨다.

쇼핑 앱 대신 독서 모임

40대 중학교 교사 건우는 하루의 끝마다 습관처럼 쇼핑 앱을 열었다. 피곤한 몸으로 집에 돌아오면 자연스레 손이 휴대폰으로 향했다. 장바구니에 담긴 물건들을 훑다 보면 스트레스가 조금은 가시는 듯했고, '결제 완료' 알림이 울리면 짧은 쾌감이 찾아왔다. 하지만 그 감정은 물건이 도착할 즈음이면 사라졌고, 열어 본 적도 없는 택배 상자들이 거실 한쪽을 차지했다. 아내의 말 한마디가 전환점이 되었다. "당신은 살 때만 좋아하지, 산 물건을 잘 쓰지는 않잖아."

그 말을 들은 건우는 처음으로 자신의 소비 습관을 의심했다. 모든 쇼핑 앱을 삭제하고, 온라인 쇼핑은 '토요일 오후 한 시간'으로만 제한했다. 새 물건을 들일 땐 집 안에서 하나를 정리해 내보내는 '원 인, 원 아웃' 규칙을 세웠고, 주말마다 집 안의 불필요한 물건을 하나씩 기부하기로 했다. 동시에 오래 미뤄뒀던 독서 모임에 참여해 책을 읽기 시작했다.

처음 2주는 공허했다. 폰을 열어도 특별히 할 일이 없었고 심심했다. 하지만 3주 차에 들어서자 변화가 시작되었다. 거실에서 쇼핑 대신 책 읽는 시간이 늘었고, 서서히 머릿속도 정돈되어갔다. 주말마다 함께하는 독서 모임에서는 책뿐 아니라 감정과 생각도 나누었다. 이전에는 '물건을 통해 자신을 채우려 했던' 시간이, 이제는 '사람을 통해 자신을 확장하는' 시간으로 바뀌었다.

6개월이 지나자 택배 상자가 차지했던 공간에는 햇빛이 잘 드는 식탁과 따뜻한 조명이 놓였다. 버려진 물건은 거의 500개에 가까웠고, 집뿐 아니라 마음까지 넓어졌다. "물건이 줄어드니 생각도 줄었고, 생각이 줄자 감정이 덜 흔들렸어요." 건우는 가족과의 대화도 달라졌다고 말했다. 예전엔 숙제 검사를 하면서도 한 손으로는 쇼핑몰을 열고 있었는데, 이제는 가족과 함께 있는 시간 자체를 소중히 여기게 되었다.

그는 말한다. "디지털 미니멀리즘은 단순히 폰에서 앱을 지우는 게 아니라, 잃어버렸던 주의력과 감정을 되찾는 과정이었어요. 소비를 멈추자 삶이 비로소 움직이기 시작했습니다."

도파민 대신 가치를 좇다

IT 업계에서 일하는 30대 직장인 민석의 퇴근 후는 늘 위험한 시간이었다. 긴 하루를 버틴 보상처럼 스마트폰을 들고는 쇼핑몰 앱을 열었다. 새로 출시된 기기, 유튜브에서 본 추천템, 한정 수량 마케팅, all click. 그렇게 산 물건들은 박스를 뜯은 순간부터 존재감을 잃었다. 신선함은 짧았고 충동은 반복됐다. 그는 어느 순간 깨달았다. "문제는 내가 뭘 샀는지가 아니라, 왜 샀는지를 몰랐다는 거였어요."

민석은 결심했다. '사기 전에 기록하기' 실험을 시작했다. 사고 싶은 게 생기면 메모 앱에 적고, 48시간 후 다시 확인하는 방식이었다. 처음 며칠은 매일 3~4개씩 적히던 품목이 시간이 지날수록 줄어들었다. "이틀만 지나면 거의 다 '안 사도 되겠다'로 바뀌더라고요." 민석은 이 과정을 통해 충동의 정체가 단순한 욕망이 아니라 지루함, 스트레스, 외로움 같은 감정의 탈출구였음을 깨달았다.

그는 자신의 '도파민 보상 시스템'을 재설계하기로 했다. 빠른 쾌락 대신, 느리지만 가치 있는 보상을 찾기로 한 것이다. 매일 저녁 30분 글쓰기를 시작했고, 주말마다 클래식 음악을 틀고 요리를 했다. 단번에 습관이 바뀌지는 않았다. 몇 번은 다시 앱을 열었고 충동적으로 결제했다. 하지만 그는 실패를 '데이터'처럼 받아들였다. "이번엔 스트레스를 못 견뎠군. 다음엔 산책부터 해보자." 그렇게 자신을 비난하지 않고 분석하며 대응 방식을 바꿔 나갔다.

3개월 후, 민석의 카드 내역은 눈에 띄게 달라졌다. 쇼핑 건수는 절반으로 줄은 대신 도서, 클래스, 전시회 같은 항목이 늘어났다. "놀라운 건, 돈을 덜 썼는데 삶의 질은 더 높아졌다는 거예요." 지출 내역을 보면 그 사람의 철학이 보인다는 말을 실감했다. 소비는 단순한 선택이 아니라 방향이었다. 민석은 이제 말한다. "내가 나에게 주는 보상은 더는 물건이 아니에요. 내가 좋아하는 삶의 방식 그 자체예요."

민석이 진짜 바꾼 것은 물건이 아니라 자신과의 관계였다. 이제 그는 소비로 내면의 공백을 메우는 대신, 그 공백의 원인을 들여다보고 스스로와 화해하는 법을 배웠다.

"소비는 결국 나 자신과의 대화였어요. 나는 이제 충동 대신 가치 있는 대화를 선택합니다."

⟨7⟩
의식적 소비로 삶의 방향을 바꾸다

◐

 우리는 왜 살수록 비워지고, 가질수록 불안해질까요? 소비 충동을 다스리는 여정은 그저 지출을 줄이는 것보다 훨씬 더 깊은 의미를 지닙니다. 자신의 가치, 필요, 욕망을 명확히 이해하고, 그에 맞게 자원을 배분하는 의식적인 선택의 과정이지요. 외부의 마케팅 메시지나 사회적 압력이 아닌, 내면의 나침반에 따라 스스로 사는 법을 배우는 것입니다.

 의식적 소비는 단순히 '덜 가진' 삶이 아니라, 오히려 더 풍요롭고 의미 있는 삶으로 이어집니다. 소비 충동을 다스린다는 것은 결국 자유로워지는 것입니다. 물질에 대한 집착에서 벗어나면 우리는 시간, 에너지, 주의력, 재정적 자원을 정말 가치 있는 곳에 투자할 자유를 얻습니다. 때로는 '갖지 않는 것'이야말로 진정한 풍요로움입니다. 꼭 소유하지 않아도 충만할 수 있다는 사실은, 오늘날 가장 역설적이지만 중요한 진실이 아닐까요.

소비 충동을 다스리는 여정에는 완벽한 종착점이 없습니다. 끊임없이 진행되는 과정이며 매일의 선택이니까요. 중요한 것은 완벽함이 아니라 의식적 인식과 점진적 개선입니다. 오늘 당신이 내리는 작은 선택 하나가, 내일의 더 자유롭고 풍요로운 삶을 향한 첫걸음일 수 있습니다.

지금 이 순간, 무엇이 정말 당신을 행복하게 만드는지 생각해보는 것으로 시작하세요. 그리고 다음 번 소비 충동이 찾아올 때, 잠시 멈춰 세 번 깊게 숨을 쉬어보세요. 그 짧은 멈춤의 순간이 당신의 삶을 더 자유롭고 충만하게 바꿔줍니다.

4장

끊으려 할수록
더 깊이 빠지는 이유

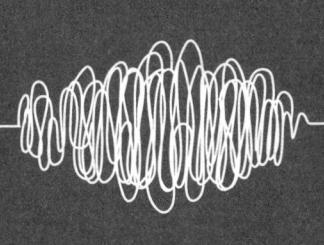

〈1〉
중독은 의지의 문제가 아니다

중독은 인생의 최종 보스 같습니다. 술, 담배, 도박, 약물처럼 전형적인 형태뿐만 아니라 게임, 쇼핑, 인터넷 중독처럼 현대 사회의 새로운 중독 형태까지 우리의 삶을 집요하게 공격합니다. 가장 심각한 문제는 중독이 스스로 멈추고 싶어도 멈출 수 없도록 만드는 힘을 가지고 있다는 것입니다.

중독의 특별한 점은 반복적인 노출로 내성이 생기고, 멈추면 금단현상이 나타나는 악순환 구조라는 사실입니다. 이는 뇌의 구조 자체가 변형되는 생물학적 변화로, 단순한 습관이나 의지력의 문제가 아닙니다. 실제로 중독이 깊어질수록 뇌 속의 특정 영역은 물리적, 화학적으로 바뀌며, 점점 더 충동과 욕구에 취약해집니다.[73] 앞에서 다뤘던 일반적인 충동과 달리, 중독은 더 강력하고 근본적인 '뇌 해킹'을 의미합니다. 보통 전략만으로는 쉽게 벗어날 수 없는 강력한 변화가 이미 뇌 속에 자리 잡은 상태입니다.

이 장에서는 전통적인 철학적, 심리학적 접근뿐 아니라 최근 의학적 접근, 특히 중독 치료제로서 주목받는 GLP-1 수용체 작용제가 어떻게 작동하는지, 임상적으로 검증된 효능과 주의점은 무엇인지, 실제 적용법까지 자세히 다룹니다.

중독의 철창을 부수고 나오기 위해서는 의지만으로는 안 됩니다. 뇌 회로를 리셋할 강력한 도구가 필요합니다. 중독이라는 최종 보스에 맞서 효과적으로 싸우는 구체적 전략을 살펴봅시다.

⟨2⟩
중독을 바라보는 철학과 과학의 시선

중독은 단순한 충동이나 습관을 넘어, 삶의 의미와 본질에 닿아 있는 심각한 문제입니다. 중독 행위는 인간 존재의 깊은 공허를 채우려는 무의식적인 몸부림인 동시에, 자기 파괴적 성향을 내포한 역설적 행동입니다. 서양과 동양, 고대와 현대를 아우르는 철학자들이 중독이라는 인간의 취약점 앞에서 던진 날카로운 질문과 예리한 통찰을 살펴봅시다. 중독은 단지 통제의 문제를 넘어, 자기 존재와 마주하는 가장 치열한 철학적 도전입니다.

"당신은 무엇에 사로잡혀 자신을 잃어버리고 있나요? 진정한 자유를 회복하기 위해 무엇을 내려놓을 준비가 되었나요?"

중용을 지키고 극단은 멀리하라 — 아리스토텔레스

아리스토텔레스는 '중용(Golden Mean)'의 철학으로 유명합니다. 그에 따르면 덕이란 두 극단 사이의 적절한 균형점을 찾는 것입니다.

아리스토텔레스가 현대의 인터넷 게임 중독 상담소를 방문한다면 이렇게 조언하지 않을까요? "게임을 영원히 하지 않겠다고 극단적으로 다짐하지 말고, 그렇다고 매일 밤새도록 게임에 빠져 있지도 말게. 그 둘 사이에서 자신만의 균형점을 찾게!" 중독 전문가들에게 이런 말을 하면 눈총을 받을 수도 있지만, 실제로 현대 행동 중독 치료에서도 '절제된 사용'이 '완전한 금단'보다 효과적인 경우가 많습니다.[74] 특히 게임이나 인터넷처럼 생활 속에 깊이 자리 잡은 영역에서는 아리스토텔레스의 중용 철학 같은 '해로움 줄이기(harm reduction)' 접근법이 매우 유용합니다.

물론 중용의 접근이 모든 중독에 다 효과적인 것은 아닙니다. 알코올이나 약물 중독의 경우엔 절제보다는 완전 금단이 필요한 상황도 많습니다. 하지만 충동 조절이 가능한 행동 중독에서는 중용적 접근이 강력한 해법이 될 수 있습니다.

아리스토텔레스에게 '절제'란 억압이 아니라 자기 조율의 기술입니다. 그는 감정이나 욕망을 아예 제거하라고 말하지 않았습니다. 오히려 그것들을 잘 조율하여 삶의 일부로 받아들이는 것이 진정한 덕이라고 보았지요. 중독을 대하는 우리의 자세도 이러해야 합니다. 충동을 '악'으로 보고 전면전으로 싸우기보다는, 그것을 이해하고 조절하며 일상 속에서 균형 잡힌 방식으로 다루는 것. 바로 아리스토텔레스식 중용의 실천입니다. 완벽한 금단이 어렵다면 작고 꾸준한 조절이 덕의 시작일 수 있습니다. 그는 이렇게 말했을 겁니다. "극단은 언제나 쉬운 길이지만, 진짜 강한 사람은 균형을 지키는 사람이네."

아리스토텔레스는 습관의 중요성도 강조했습니다. "우리는 반복적인 행동을 통해 우리가 되고 싶은 사람이 된다." 현대 신경가소성(neuroplasticity) 연구와 일맥상통하는 통찰입니다. 뇌는 반복되는 행동 패턴에 따라 회로가 새롭게 형성됩니다.[74] 그러니 중독을 극복하기 위해서는 새로운 습관 형성이 필수이지요. "자네가 매일 습관적으로 어떤 행동에 빠져 있다면, 한 번에 그 행동을 완전히 끊으려 하기보다 아주 작은 변화부터 시작해보게. 그렇게 조금씩 반복하다 보면, 뇌는 곧 새로운 길을 스스로 만들어나갈 걸세!" 그는 미소 지으며 이렇게 덧붙일 겁니다.

욕망을 다스리고 죽음을 기억하라 — 세네카

로마의 철학자 세네카는 스토아 철학의 대표자로, 욕망을 다스리고 불필요한 집착에서 벗어나라고 강조했습니다. 그의 유명한 말 중 하나는 '메멘토 모리Memento Mori(죽음을 기억하라)'입니다.

세네카가 현대 중독 치료 센터를 방문한다면 "그대들은 마치 영원히 살 것처럼 순간의 충동에 휘둘리고 있군"이라며 탄식할 것입니다. 그에게 중독은 단순한 쾌락 추구가 아니라, 외부 자극에 대한 잘못된 가치 판단의 결과입니다. 그는 중독자들에게 '죽음의 명상'을 권할 것입니다. "오늘이 당신의 마지막 날이라면 그 시간을 중독된 습관에 휘둘려 낭비하고 싶은가? 그런 선택을 당신 삶의 마지막 순간으로 남기고 싶은가?" 이런 질문은 현대의 '가치 기반 행동 치료'와 놀라울 정도로 유사합니다.

세네카는 감정에 휩쓸리지 않는 '거리두기'도 강조했는데, 이는 현대 인지행동치료의 '인지적 거리두기' 기법과 매우 흡사합니다. "중독 충동이 찾아올 때마다 잠시 멈추고 이렇게 말해보게. '이건 단지 나의 일시적인 감정일 뿐, 나 자신은 아니야.' 하루 5분씩만 실천하면 이미 자유의 문턱에 서 있을 걸세." 그는 단호히 말할 겁니다.

세네카는 중독을 단순히 개인의 나약함이 아닌, 잘못된 삶의 태도와 시간의 낭비로 여길 것입니다. 그는 "우리는 너무 많은 시간을 의미 없는 활동에 쏟고, 정작 살아야 할 순간들을 미뤄둔다"고 말했죠. 따라서 중독을 이겨낸다는 것은 단순한 자제력이 아니라, 더 소중한 것에 집중하며 '지금 이 순간'을 살아내는 것입니다. 그러면서 이렇게 덧붙이지 않을까요. "욕망은 언제나 내일을 약속하지만, 죽음은 오늘을 묻는다네."

절제와 예의로 중독을 다스리라 — 공자

동양 철학의 거장 공자는 절제와 예의를 통한 자기 수양을 강조했습니다. '극기복례(克己復禮)', 자신을 이기고 예를 회복하는 것이 핵심 가르침입니다.

공자가 현대의 중독 문제를 본다면 무엇보다 사회적 맥락의 중요성을 강조할 것입니다. 단순히 개인의 문제가 아니라 사회적 환경과 관계의 문제라고 여겼을 테지요. "군자는 자신을 이기고 예를 회복한다"는 그의 말은 개인적 절제와 사회적 규범의 조화를 강조합니다. 현대 용어로 해석하면 중독 행동은 사회적 맥락에서 벗어난 '무절제'이며, 회복은 건강한 사회적 관계와 규범으로 돌아오는 과정입니다.

공자라면 중독에 빠진 현대인에게 이렇게 조언하지 않을까요. "중독이란 결국 자신만을 위한 순간의 즐거움에 빠져 타인과의 관계를 저버리는 행위라네. 그러니 관계의 회복을 먼저 생각하게. 매일의 삶에서 가족과 친구들과의 진정한 교류를 회복하고, 그 시간을 소중히 여기게." 자기 수양의 사회적 맥락, 즉 롤모델과 멘토의 중요성도 강조하겠지요. "술과 향락에 빠진 친구를 가까이하면 당신도 그렇게 될 테고, 올바른 길을 가는 사람과 가까이하면 그 길로 갈 수 있네. 이번 주말, 당신을 더 좋은 사람으로 이끌어 줄 현명한 이들과 함께하게."

공자의 철학은 '절제'와 '관계'가 결코 분리될 수 없음을 알려줍니다. 혼자서 욕망을 억누르려고 애쓰기보다는, 바른 예(禮)가 살아 있는 공동체 속에서 서로를 존중하고 규범을 지키는 것이야말로 진정한 회복의 시작입니다. "진정한 군자는 자신을 다스리되 혼자 애쓰지 않고, 좋은 사람들과 함께 길을 걷는다네."

갈망에서 벗어나 현재에 머물라 — 붓다

붓다의 핵심 가르침은 모든 고통의 근원이 '갈망(tanha)'이라는 것입니다. 그는 무엇인가를 집착적으로 원하는 마음이 우리를 끝없는 고통의 사슬에 묶어둔다고 말했습니다.

붓다의 사성제(四聖諦)는 마치 2,500년 전의 중독 치료 매뉴얼 같습니다.

"고통이 있다." – 중독은 실제로 고통스럽다.

"고통에는 원인이 있다." – 중독은 '더 많이, 더 자주'라는 갈망에서 비롯된다.

"고통은 끝날 수 있다." – 중독은 회복 가능하다.

"고통을 끝내는 길이 있다."– 중독 회복을 위한 체계적인 방법이 있다.

특히 현대 중독 치료에서도 마음챙김(mindfulness) 명상은 중요한 치료법으로 활용됩니다. 알코올이나 약물 중독자가 갈망의 충동을 느낄 때 억지로 억누르지 않고, 그 충동을 객관적으로 관찰하고 흘려보내는 연습을 하거든요. 마음챙김 훈련이 중독자의 재발률을 현저히 감소시킨다는 연구 결과도 있습니다.[75]

붓다라면 중독으로 고통받는 사람에게 이렇게 조언했을 것입니다. "술이나 마약에 대한 충동이 강하게 올라올 때, 그것을 무리하게 막으려 하지 말고 잠시 멈춰서서 그 느낌을 있는 그대로 바라보게. 욕망은 영원히 지속되지 않고 파도처럼 밀려왔다가 반드시 물러갈 걸세."

붓다는 모든 것은 영원하지 않다는 '무상(無常)'의 진리도 강조합니다. 쾌락, 욕망, 금단으로 인한 고통 역시 영구적이지 않으며 시간이 지나면 반드시 사라진다는 뜻입니다. 헤로인 같은 심각한 약물 중독을 겪는 사람들에게, 무상의 진리는 강력한 치료적 의미를 갖습니다. 극심한 금단 현상이 발생할 때 "이 고통 또한 결국 지나간다"는 사실을 상기하는 것만으로도 힘든 순간을 견디는 데 도움이 됩니다.

붓다의 가르침은 중독을 멈추는 법뿐 아니라, 욕망과 충동의 본질을 이해하고 그것들에 휘둘리지 않는 법을 알려줍니다. "갈망의 노예로 살아가면 삶 전체가 고통에 빠지지만, 갈망을 고요히 관찰할 수 있다면 바로 그 자리에서 자유가 시작된다네." 이것이야말로 붓다가 중독이라는 깊은 고통에서 벗어나기 위해 제시한 통찰이자, 현재를 살아가는 우리에게 필요한 지혜입니다.

중독은 절망의 표현, 진정한 자아를 찾으라 — 키르케고르

실존주의 철학의 선구자 키르케고르는 진정한 자아를 찾는 여정과 선택의 중요성을 강조했습니다. 그에게 절망은 자신의 진정한 가능성을 실현하지 못하는 상태였습니다.

키르케고르는 중독을 단순한 생물학적 현상이 아닌 '실존적 절망'의 표현으로 볼 것입니다. 그의 관점에서 중독은 '자기 자신이 되려는 절망적 시도'입니다. 사람들이 중독에 빠지는 이유는 내면의 공허함과 불안을 피하기 위해서입니다. 알코올, 쇼핑, 스마트폰은 모두 실존적 질문(나는 누구인가? 내 삶의 의미는 무엇인가?)을 회피하는 방법입니다.

키르케고르가 현대의 중독 치료 현장을 방문한다면 이렇게 말할지 모릅니다. "자네의 중독은 영혼의 병이라네. 술잔이나 주사기가 아니라, 내면의 빈곤함과 진정으로 마주해야 하네." 그는 중독에서 벗어나기 위한 중요한 첫 단계로 '불안과 대면하기'를 권할 것입니다. "불안이 밀려들 때마다 펜을 들어 써보게. 나는 무엇을 두려워하고 있는가?

10분간의 대면은 그대가 내면의 공허함과 싸우는 첫 승리가 될 걸세."

키르케고르에게 있어서 회복은 단지 습관을 바꾸는 것이 아니라, 존재의 방식을 완전히 전환하는 '실존적 도약(leap of faith)'입니다. 중독에서 벗어나려는 결단은 결국 자신이 누구인지, 어떤 존재가 되고 싶은지를 묻는 실존적 선택입니다. 중독을 끊겠다는 목표는 단순한 자기통제가 아니라 진정한 나를 찾고 회복하는 여정이어야 합니다. 키르케고르는 이렇게 덧붙였을 겁니다. "중독의 진정한 반대말은 절제가 아니라, 자아를 회복하는 용기라네."

〈3〉
중독이라는 무대, 각본대로 움직이는 뇌

중독은 단순한 의지력 부족의 문제가 아니라, 뇌 속 다양한 영역들이 균형을 잃고 충돌하면서 발생하는 복합적 현상입니다. 쾌락을 부추기는 측좌핵, 충동에 브레이크를 거는 하비눌라핵, 스트레스와 불안을 중폭시키는 코르티솔, 부족해질수록 만족감을 얻기 어려워지는 세로토닌, 충동 억제력을 약화시키는 전전두엽까지.

여기서는 중독이라는 무대 위에 오른 뇌 안의 배우들이 어떤 역할로 충동을 키우고, 멈추지 못하게 만드는지 살펴봅시다. 이 배우들의 연기와 역할을 이해하는 것이 중독이라는 연극을 장악할 수 있는 첫걸음입니다.

가속 페달과 브레이크가 동시에 망가질 때, 측좌핵과 하비눌라핵

중독이 무서운 이유는 '쾌락을 너무 강하게 느껴서'가 아닙니다. 한쪽은 계속 달리라고 부추기고, 다른 쪽은 멈추라는 신호를 잃어버리기 때문입니다. 뇌 속에서 이 대립을 만들어내는 두 핵심 구조가 바로 측좌핵(Nucleus Accumbens)과 하비눌라핵(Nucleus Habenulae)입니다.

측좌핵은 도파민 보상 회로의 중심에 위치한 '쾌락 실행 센터'로, 보상이 예상되면 '지금 당장 행동하라'는 강력한 신호를 보냅니다. 우리가 무언가를 참지 못하고 '해버리는' 그 순간, 바로 이 측좌핵이 스위치를 누른 셈이죠.

반면 하비눌라핵은 뇌 속에서 '실망 관리자'의 역할을 수행합니다.[76] 보상이 없거나 기대가 무너졌을 때 활성화되어 "멈추라"는 신호를 전전두엽으로 보내 행동을 억제하게 만듭니다. "이건 소용없어", "해봤자 또 실망할 거야" 같은 회의감을 만들어내는 곳입니다. 정상적인 뇌에서는 이 브레이크 덕분에 반복적인 실패 경험이 점차 그 행동을 억제하는 학습으로 연결됩니다.

하지만 중독 상태에 빠진 뇌에서는 하비눌라핵의 브레이크 시스템이 제대로 작동하지 않습니다. 슬롯머신처럼 간헐적 보상에 지속적으로 노출되면 하비눌라핵은 반복된 실패에도 무뎌지고, 실망이라는 학습이 이루어지지 않습니다. 뇌는 계속 '이번에는 다를지 몰라'라는 기대감만 유지하고, '이번에도 실망할 것이다'라는 신호는 전달하지 않게 됩니다. 결국 중독된 뇌는 실망을 느끼지 못해 같은 행동을 무의미하게 반복, 지속합니다.

단순한 습관적 충동과 달리, 중독 상태의 뇌는 이미 브레이크를 잃고 오직 더 많은 보상만 추구하는 시스템으로 재구성됩니다. 마치 내리막길에서 브레이크 없이 달리는 자동차처럼, 멈추고 싶어도 이미 너무 빠르고, 멈추는 방법조차 잊은 상태가 되는 것이죠.

이 균형을 회복하려면 참으라는 조언으로는 부족합니다. 뇌가 다시 '실망'을 정확히 학습하고, 실행을 억제할 수 있도록 해야 합니다. 측좌핵의 쾌락 신호보다 하비눌라핵의 억제 신호를 다시 민감하게 만드는 것이 중독 회복의 핵심입니다. 중독은 개인의 의지가 아니라, 뇌가 멈추는 법을 잃어버린 채 계속 달리도록 재설정된 결과일 뿐입니다.

스트레스가 불러낸 도피 본능, 코르티솔

중독은 쾌락을 향한 집착보다는, 고통에서 벗어나려는 도피 본능에서 시작됩니다. 그 중심에 있는 것이 바로 코르티솔, 일명 '스트레스 호르몬'입니다.

원래 코르티솔은 생존에 꼭 필요한 경보 시스템의 일부로, 우리

몸을 '투쟁-도피' 모드로 전환합니다. 하지만 현대 사회에서는 맹수의 공격이 아닌 마감, 평가, 비교, 관계 갈등 같은 만성적인 정서적 스트레스가 끊임없이 코르티솔을 자극합니다. 반복되는 경보로 뇌에 과부하가 일어나면, 우리는 즉각적인 탈출구로서 중독 행동이라는 빠른 회피 버튼을 누르게 됩니다.

이 과정에서 코르티솔은 뇌의 판단 중추인 전전두엽을 억제하고, 도파민 시스템과 측좌핵을 과도하게 활성화시킵니다. 동시에 하비눌라핵은 반복된 실망에도 둔감해지며 '이건 또 실패할 거야'라는 반응조차 사라집니다. 그 결과, 뇌는 스트레스→중독 행동→일시적 완화→다시 스트레스라는 악순환 루프에 갇혀버리지요.

병적 중독은 스트레스를 피하기 위해 시작된 행동이 더 큰 스트레스를 낳는 역설 속에서 지속됩니다.[77] 중독자의 뇌는 단지 기쁨을 위해 작동하는 것이 아니라, 지속적이고 압도적인 고통을 회피하기 위해 병적으로 작동합니다. 이 유형의 중독은 단순한 쾌락 추구와는 근본적으로 다릅니다.[78]

만성적인 코르티솔의 과다 방출 상태는 뇌를 병적 중독으로 몰아넣는 주요 원인이며, 이로 인해 스트레스를 회피하는 행동이 반복적으로 선택됩니다. 즉, 중독자의 뇌는 이미 단순 쾌락을 추구하는 차원을 넘어, 고통을 지속적으로 피하기 위해 병적으로 작동 중입니다.

기쁨이 사라진 뇌, 세로토닌의 침묵

중독이 장기화되면 뇌는 점점 '쾌감'조차 느끼지 못하게 됩니다. 처음에는 스트레스를 줄이기 위한 회피 행동이었지만, 어느 순간부터는 단지 기계적으로 중독 행동을 반복하지요. 이 과정에서 가장 치명적으로 무너지는 체계가 바로 세로토닌, 즉 뇌의 '평온 조절 회로'입니다. 반복된 중독 행동과 지속적인 좌절 경험은 세로토닌 분비를 급격히 떨어뜨리고, 뇌는 기본적인 만족과 평온조차 느끼지 못하는 병적인 상태로 빠져듭니다.[79]

세로토닌이 저하된 뇌는 평온을 잃고 자기 비난, 비교, 불안, 우울감에 사로잡힙니다. 특히 사회적 비교가 심한 오늘날 중독자는 '나는 왜 이것밖에 안 되지?' '다들 행복한데 나만 왜 이럴까?' 같은 생각을 반복하며, 자신에게 부정적인 의미부여를 강화합니다. 그러면서 문제를 해결하기보다 '더 강력한 망각'을 제공하는 알코올, 약물, 도박 같은 중독 행동으로 더 깊이 빠져듭니다. 결국 중독자는 고통에서 벗어나려 할수록 중독 루틴으로 다시 돌아가는 악순환에 갇히고 맙니다.

이러한 병적 중독은 자극 추구가 아닌, 극도의 '텅 빈 감정'을 채우기 위한 악순환입니다. 세로토닌 시스템이 손상된 상태에서는 아무리 많은 자극을 줘도 만족감이 쌓이지 않고 공허함만 더욱 심해집니다. 알코올이나 약물 중독자들이 시간이 지날수록 더 많은 양을 투여해도 만족을 못 느끼고, 도박 중독자가 점점 더 큰 금액을 걸면서도 쾌락을 느끼지 못하고 오히려 더 깊은 우울과 불안으로 빠지는 이유이지요. 우울과 중독이 높은 빈도로 함께 나타나는 이유도 바로 여기에 있습니다.[80]

이처럼 중독은 기본적인 만족감과 자기 긍정의 상실에서 비롯된 병적이고 악성화된 상태입니다. 쾌락의 복원이 아니라, 평온과 의미가 다시 자리 잡아야 비로소 중독의 진정한 회복을 시작할 수 있습니다.

판단을 놓아버린 뇌, 전전두엽의 항복

인간 뇌에서 가장 늦게 발달한 전전두엽은, 뇌의 CEO처럼 행동의 '승인 도장'을 쥐고 있습니다. "지금 이 행동이 정말 괜찮을까?" "장기적으로 어떤 영향을 미칠까?" 같은 고차원적 판단을 내리는 영역이지요. 전전두엽이 잘 작동하면 충동을 억제하고 계획을 세우며 감정을 조절할 수 있습니다. 하지만 중독 상태가 심화되면 이 CEO는 점점 피로해져 결국 자기 역할을 포기하고 자리를 떠나버립니다. 뇌의 통제 센터가 비워진 순간, 본능적이고 충동적인 욕망이 조종석을 차지합니다.

알코올, 니코틴, 마약 같은 강력한 중독 물질은 단기적으로 전전두엽의 혈류를 현저히 감소시키며, 반복적인 사용은 뇌 조직의 위축을 일으켜 판단력을 근본적으로 훼손합니다.[81] 특히 만성 스트레스 상태에서 지속적으로 분비되는 코르티솔은 전전두엽의 연결망을 약화시키고, 장기적인 결과를 고려한 합리적 판단보다는 즉각적인 만족감을 우선하게 만듭니다. 뇌는 이미 도파민의 명령에 따라 움직이고 있는데, 전전두엽의 통제력은 완전히 무너진 상태입니다.

이 상태의 뇌는 병적인 자동 조종 모드로 들어갑니다. 술병을 드는 손, 도박장 입구로 향하는 발걸음, 지속적 약물 투여 등의 기억된 보상 루트가 자동 반복되며, 뇌는 스스로 제어할 수 없다고 느끼게 됩니다. 이 단계에서의 문제는 의지력의 부족이 아니라, 전전두엽의 기능 손상과 구조적 변화라는 근본적인 생물학적 손상입니다. 그래서 다짐이나 결심만으로는 중독 행동을 쉽게 멈출 수 없습니다. 뇌가 판단력을 회복하기 전까지는, 강력한 외부적 개입과 구조적 재조정이 필수입니다.

뇌의 판단 능력 상실이라는 심각한 병리적 상태인 중독에서 벗어나기 위한 첫걸음은 전전두엽, 즉 뇌의 CEO가 제 역할을 회복할 수 있도록 강력하고 구조적인 개입을 제공하는 것입니다. 이 통제 센터를 재작동하는 것이야말로 중독 치료의 핵심이며, 이는 의학적이고 체계적인 접근을 통해서만 가능합니다.

〈4〉
무너지는 건 뇌가 아니라 마음이다

중독은 단순히 뇌의 회로가 망가진 문제가 아니라, 우리가 마음속의 불편한 감정과 어떻게 씨름하고 있는지 보여주는 지표입니다. 우울, 불안, 고독을 마주하기 힘들 때 사람은 중독을 통해 일시적인 피난처를 찾습니다. 낮은 자존감으로 인해 자신을 파괴적인 선택으로 내몰기도 하지요.

중독이라는 현상이 어떻게 우리의 감정과 연결되어 있는지, 그리고 왜 특정 물질이나 행동이 중독으로 쉽게 빠져드는 함정이 되는지 심리학적 관점에서 깊이 들여다봅시다. 중독에서 벗어나려면 '어떻게'가 아닌 '왜'라는 질문에서 출발해야 합니다. 우리의 마음이 무너지기 전에, 그 근본적인 이유를 직면해야 진짜 회복이 시작됩니다.

감정 회피의 덫 — 중독이 부정적 감정을 먹고 자라는 법

중독의 진짜 무서움은 그것이 우리의 생각과 감정에 대한 해석 방식 자체를 왜곡한다는 점입니다.[82] 보통 사람은 어떤 행동을 선택할 때 "이것이 내게 장기적으로 좋은가?"라는 질문을 던지며 자신의 가치와 목표를 중심으로 평가합니다. 그러나 중독 상태에서는 이 가치 기준이 뒤틀립니다. "지금 당장 내 기분을 즉시 나아지게 하는가?"라는 질문만 남고, 장기적인 손실이나 미래의 결과는 점점 덜 중요해지거나 무시됩니다.

중독 초기에는 실제로 얻는 쾌감이 행동을 이끌지만, 반복될수록 쾌감 자체는 둔화되고 오히려 불안, 초조, 우울과 같은 부정적 감정을 피하는 것이 더 강력한 행동 동기가 됩니다. 심리학적으로 '부정적 강화(negative reinforcement)'의 전형적인 사례이지요. 즐거움을 얻으려는 목적이 아니라 고통을 회피하려는 목적으로 행동을 반복하게 만드는 메커니즘입니다.

더 깊이 들여다보면 중독의 핵심 문제는 감정의 부정적 해석입니다. 중독자는 불편한 감정을 마주할 때 '이 감정을 견디거나 해결할 수 없다'고 느끼며, 이를 즉각적으로 덮기 위한 행동을 찾습니다. 알코올 중독자는 불안을 해결할 능력이 없다고 믿고 불안할 때마다 술을 찾으며, 약물 중독자는 고독이나 우울을 견딜 수 없다고 믿으며 약물에 손을 댑니다. 이 반복적인 패턴이 결국 자신의 감정을 건강하게 다루는 방법을 배우지 못하게 만들고, 감정을 자극을 통해서만 다룰 수 있다는 왜곡된 신념을 형성합니다.

이 과정에서 중독 행동은 습관을 넘어 감정을 관리하는 거의 유일한 전략이 되고 맙니다. 뇌는 이를 생존 수단으로 인식하며, 중독 행동을 하지 않으면 견딜 수 없는 강력한 불안을 만들어냅니다.[83] 그 결과 개인의 진짜 욕구와 감정은 무시되고, 중독 행동만이 감정을 다스릴 수 있는 유일한 방법으로 자리 잡습니다.

중독은 행동의 문제가 아니라 자기 감정을 건강하게 처리하는 능력 자체를 앗아가는 심리적 문제입니다. 우리의 뇌와 마음을 훔치는 가장 교묘하고 심각한 방식입니다.

연결 욕구의 왜곡 — 중독은 왜 외로움에서 시작되는가?

많은 중독의 배경에는 자극이나 물질 추구가 아닌, 외로움과 연결의 부재가 있습니다. '혼자 있으면 너무 허전해'라는 감정을 빠르고 쉽게 얻을 수 있는 자극으로 덮는 행동은 단순한 습관이 아니라, 정서적 고통을 회피하려는 심리적 반응입니다. 외로움은 때로 배고픔보다 강력한 동기로 작용하며, 빠르고 확실한 위안을 찾아 중독으로 이어지기 쉽습니다.

이를 상징적으로 보여주는 '쥐 공원(Rat Park)' 실험이 있습니다.[84] 브루스 알렉산더 박사는 고립된 케이지 속 쥐들이 약물에 쉽게 중독된다는 기존 실험을 뒤집고, 풍요롭고 사회적으로 연결된 환경 속에 쥐를 배치했습니다. 그 결과, 동일한 약물이 제공돼도 쥐들은 거의 중독되지 않았고, 이미 중독된 쥐조차 점차 약물에서 벗어났습니다. 중독의 핵심 요인은 물질이 아니라 '외로움'일 수 있음을 시사합니다.[85]

심리학적으로 외로움은 그냥 혼자 있는 상태가 아닙니다. 정서적으로 이해받지 못하고, 소속되지 못했다고 느끼는 상태입니다. 이 감정은 자기 존재감과 의미를 약화시키며 그 빈자리를 음식, 술, 스마트폰 같은 자극으로 메우게 만듭니다. 결국 중독은 단순한 쾌락 추구가 아니라 관계 결핍을 대체하려는 감정적 행동입니다.

더 큰 문제는 외로움이 중독을 부르고, 중독이 다시 외로움을 심화시키는 악순환입니다. 중독으로 인해 관계가 멀어지고 그 고립감을 다시 자극으로 덮는 패턴이 반복되며, 사람은 점점 더 자기 안에 갇혀버립니다. 어느 순간부터는 물질이나 행위보다 '외로움을 견딜 수 없어 하는 마음'이 진짜 중독의 정체가 됩니다.

중독에서 벗어나기 위한 시작은 행위를 끊는 것이 아니라, 누군가와 다시 연결되는 경험입니다. 정서적으로 안전한 대화를 나눌 수 있는 사람, 자신을 있는 그대로 받아주는 공간이 회복의 출발점입니다. 중독은 외로움이 만든 병이며 그 회복은 연결이 다시 이루어지는 지점에서 시작됩니다.

자기 파괴의 심리학 — 중독과 낮은 자존감의 악순환

중독은 고통을 회피하거나 고독을 채우기 위한 행동을 넘어, 자기 자신에 대한 부정적 평가와 밀접한 관련이 있습니다. 자존감이 낮은 사람은 자신이 가치 없거나 무능하다는 생각에 쉽게 빠지며, 이런 고통스러운 자기 인식을 잊기 위해 중독 행동을 반복합니다.

이때 중독은 자기 처벌과 같은 형태로 나타나며, 자신에 대한 부정적 감정을 잠시 덮지만 장기적으로는 자존감을 더욱 떨어뜨리는 악순환으로 이어집니다. 중독 행동이 반복될수록 실패 경험과 자기 비난이 쌓이고, 이는 다시 자신에 대한 무력감과 자책으로 진행됩니다. 예컨대 "또 못 참았어. 역시 난 어쩔 수 없어" 등의 부정적인 자기대화가 내면에서 반복되며, 자신을 더욱 무기력하게 만들고 중독 행동의 빈도와 강도를 증가시킵니다. 이런 과정에서 낮은 자존감은 중독 행동의 원인인 동시에 그 결과로서 서로를 강화하는 덫으로 작용합니다.[86]

심리학적으로 이런 자기 파괴적 패턴은 '학습된 무기력(learned helplessness)'으로 설명할 수 있습니다. 반복적인 실패와 자기 비난의 경험은 개인의 의지를 약화시키고 "나는 변할 수 없다"는 신념을 만들어, 결국 중독의 덫에서 벗어나려는 노력 자체를 포기하게 만듭니다.[87] 이는 중독의 가장 위험한 측면 중 하나로, 중독 행동을 중단하는 것을 넘어 자신에 대한 무력감과 무가치감을 극복하는 내적 전환이 필요함을 시사합니다.

중독의 근본적인 치유는 자신에 대한 부정적 평가를 긍정적이고 현실적인 자기 인식으로 전환하는 것입니다. 자신을 비난하기보다는 공감과 친절로 대하는 법을 배우고, 작은 성공 경험을 반복하며 자존감을 회복하는 과정은 중독을 끊는 핵심 전략입니다. 중독을 벗어나는 것은 그저 나쁜 습관을 바꾸는 일이 아니라, 자신을 파괴하는 내적 목소리로부터 나를 해방시키고 진정한 자기 가치를 되찾는 여정입니다.

일상의 함정들 — 습관은 어떻게 중독이 되는가?

중독은 특별한 사건이나 극단적인 행위에서 시작되지 않습니다. 오히려 일상에서 쉽게 반복되는 사소한 습관이 점차 우리의 감정 처리 방식을 변화시키면서 일어나지요. 술 담배처럼 흔히 접하는 물질들은 처음에는 스트레스 해소나 긴장을 푸는 도구로 사용되다가, 시간이 흐를수록 불안이나 불편한 감정을 다루는 주요 수단으로 자리 잡습니다.

이 과정에서 익숙한 행동은 심리적으로 강력한 '정서적 연결(emotional association)'을 형성합니다.[88] 즉, 반복적으로 스트레스를 술로 푸는 사람은 점차 스트레스를 느끼는 순간 무의식적으로 술을 떠올립니다. 이러한 정서적 연결이 강화되면 뇌는 해당 행동을 '필요한 감정 대처 방식'으로 착각해, 습관적인 행동이 중독으로 발전합니다.

이런 익숙함이 중독으로 이어지는 심리적 메커니즘이 위험한 이유는, 스스로 깨닫기도 전에 감정 조절의 주도권을 잃어버리기 때문입니다. 처음엔 '내가 원해서 하는 행동' 같았지만 점차 '하지 않으면 견딜 수 없는' 강박적 욕구로 변화하면서 자율성을 빼앗깁니다. 익숙하다는 이유로 자신이 중독에 빠졌다는 사실을 부정하거나 무시하는 점도 심각한 문제입니다.

따라서 중독에서 벗어나려면 일상에서 자주 반복되는 행동들을 명확히 인지해야 합니다. 익숙한 행동이 언제, 어떤 감정과 연결되어 있는지 정확히 이해하고, 그 행동이 감정 해소가 아니라 감정 회피로 이어짐을 인식해야 중독에서 벗어날 수 있습니다.

〈5〉
도파민 회로를 다시 설계하는 전략

중독은 스트레스를 견디고, 외로움을 잊으며, 감정을 마비시키기 위해 뇌가 선택한 일종의 '빠른 해결책'입니다. 하지만 이 임시방편이 반복될수록 뇌는 다른 기쁨에 무뎌지고 오직 중독 행동만을 보상으로 인식하게 됩니다. 도파민 회로를 재구성하여 중독을 벗어나고, 더 건강한 보상을 찾는 방법을 뇌과학과 심리학 기반의 구체적인 실천 전략을 살펴봅시다.

◎ 욕구가 사라진다 — GLP-1, 중독의 갈망을 끄는 뇌 속 스위치

"억지로 참는 게 아니라, 아예 당기지 않게 되었다. 중독의 근본을 바꿀 수 있는 열쇠가 나타났다."

목표

- 도파민 과잉 회로를 생물학적으로 조절
- 중독 행동의 강도와 빈도 낮추기
- 약물 치료와 행동 전략을 결합하여 시너지 확보

GLP-1 약물 실전 가이드

1. 중독은 '의지박약'이 아니라 '회로의 반복'이다

중독은 개인의 나약함이나 성격적 결함에서 비롯된 문제가 아닙니다. 반복된 자극이 뇌의 도파민 보상 회로를 과잉 활성화시키고, 뇌는 점차 더 강력한 자극만 찾게 됩니다. 이 과정에서 필요한 것은 의지가 아니라, 회로 자체를 재설정하는 강력한 신경학적 도구입니다.

2. GLP-1 약물이 중독 치료의 대안으로 주목받는 이유

위고비(Wegovy), 마운자로(Mounjaro) 같은 GLP-1(Glucagon-Like Peptide-1) 수용체 작용제는 당뇨와 비만 치료제로 개발된 약물이지만, 최근 중독 행동을 완화하는 효과로 크게 주목받고 있습니다. 실제로 이 약물을 사용한 환자들은 다음과 같은 변화를 경험합니다.

- "술 생각 자체가 예전만큼 나지 않는다."
- "담배가 덜 당기고 끊는 것이 훨씬 쉬워졌다."
- "도박을 하고 싶은 마음이 현저히 줄었다."

이런 변화가 나타나는 이유는 단순히 식욕 억제 때문이 아닙니다. GLP-1 약물은 뇌의 도파민 보상회로에도 직접 작용하여 자극에 대한 민감성을 줄이고, 중독의 핵심인 '갈망' 자체를 낮추는 신경학적 변화를 일으키기 때문입니다.[89, 90]

3. 과학적으로 입증된 중독 감소 효과

최근 연구들에 따르면, GLP-1 수용체 작용제는 다양한 중독 행동에서 유의미한 개선 효과를 나타냅니다.

- 알코올 섭취량의 현저한 감소[23, 91, 92]
- 니코틴과 전자담배에 대한 갈망 감소[93, 94]
- 도박, 게임, 쇼핑 등 충동성 행동의 억제[26, 89]
- 일부 약물 중독에서도 긍정적인 효과 보고[89]

더 주목할 점은 이 효과가 체중 감소와 독립적으로 나타난다는 것입니다. 즉, 체중 감량에 따른 기분 개선 효과가 아니라, 뇌의 도파민 보상회로 자체를 직접 조절하여 얻은 결과입니다.

4. 현실적 고려사항

a. 반드시 의사의 처방이 필요합니다.

→ GLP-1 약물은 의사의 진료와 처방을 통해 사용해야 합니다.

→ 주 1회 복부, 허벅지, 상완의 피하에 맞는 주사로, 오토인젝터(auto-injector) 방식이기 때문에 처방 후에는 병원 방문 없이 집에서 간단히 자가 투여가 가능합니다.

→ 이는 사용 편의성과 접근성을 크게 높여줍니다.

b. 부작용과 금기사항을 확인하세요.

→ 메스꺼움, 구토, 설사 등 위장 증상이 나타날 수 있으며, 드물게 췌장염 같은 심각한 부작용도 보고되었습니다.[95]

→ 대부분의 부작용은 용량 조정 및 시간이 지남에 따라 개선될 수 있습니다.

c. 비용 문제 고려

→ 현재는 월 40만 원 이상의 비용이 발생하지만 향후 보험 적용 확대나 복제약 출시로 비용이 하락할 가능성이 높습니다.

d. 저용량도 충분할 수 있습니다.

→ 저용량으로도 충분한 효과가 나타날 수 있습니다.[23] 이는 부작용의 가능성을 낮추고 비용도 절감할 수 있다는 점에서 매우 중요합니다.

5. GLP-1 약물은 '만능 해답'은 아니지만 강력한 도구입니다

중독 충동이 너무 강해 자기 통제만으로는 어려울 때, GLP-1 약물은 강력한 '도파민 브레이크'가 될 수 있습니다. 억지로 참는 방식이 아니라 '욕구 자체를 줄이는 방식'이라는 점에서 기존의 모든 의지 중심 전략과는 전혀 다른 접근입니다. 물론 약물만으로 모든 문제를 해결할 수는 없으며 환경 재설계나 마음챙김 훈련, 사회적 연결 등 행동적 접근과 결합할 때 더욱 강력한 효과를 발휘합니다.

- GLP-1 약물은 도파민 회로를 조절하여 중독 행동의 근본적인 갈망을 낮춥니다.
- 의지가 아니라 '욕구 자체를 감소시키는 경험'은 중독을 치료하는 새로운 지평을 열어줍니다.
- 중독에서 벗어나기 위한 전략에 신경학적 접근이라는 강력한 무기를 추가할 수 있습니다.

◎ 유혹은 설득이 아닌 설계로 끊는다 ― 중독을 이기는 환경 조정 전략

"중독은 의지 부족의 문제가 아니라, 익숙해진 환경의 산물이다."

목표

- 중독 행동을 유발하는 환경 요소 명확히 식별하기
- 강력한 유혹을 제거하고 건강한 대안 환경 구축하기
- 반복적인 노출을 최소화하여 자동화된 중독 패턴 깨기

환경 재설계 실전 매뉴얼

1. 중독 트리거 식별하기
→ 술, 담배, 도박, 약물 중독 행동을 촉발하는 구체적 환경을 기록하기

→ ㉠ 퇴근 후 혼자 있는 집(술), 식사 후 휴식시간(담배), 특정 친구와의 만남 (약물, 도박)

왜? — 뇌는 환경적 자극을 특정 행동과 자동 연결합니다. 먼저 어떤 환경이 중독을 반복하게 만드는지 정확히 파악해야 합니다.

2. 중독 유발 물질을 철저히 제거하라

→ 알코올, 담배, 약물, 도박 도구 등 직접적 중독 유발 요인을 완벽히 제거하기

→ ㉠ 집에 있는 술병과 재떨이 버리기, 라이터 숨기기, 도박 앱과 사이트 완전 차단하기

왜? — 강력한 중독은 눈앞에 보이는 자극만으로도 즉각 활성화됩니다. 유혹을 완전히 차단하지 않으면 중독의 고리를 끊기 어렵습니다.

3. 강력한 대체 환경을 설계하라

→ 중독을 부추기는 상황에 대비해 건강하고 강력한 대체 활동을 준비하기

→ ㉠ 술 생각이 날 땐 헬스장 가기, 담배 생각이 날 땐 바로 산책 나가기, 도박 충동 시 즉시 사람들과 전화하기

왜? — 중독 행동의 빈자리를 방치하면 금방 다시 중독으로 돌아갑니다. 중독 충동과 경쟁할 만큼 강력한 대안을 마련해 놓아야 합니다.

4. 중독을 조장하는 관계를 과감히 정리하라

→ 함께 술, 담배, 도박, 약물을 즐기는 인간관계를 정리하고 금주, 금연, 금단을 돕는 관계를 형성하기

→ ㉠ 음주 중심 모임에서 탈퇴하기, 흡연 친구 대신 비흡연자와 교류하기, 도박 파트너 연락처 삭제하기

왜? — 중독 치료의 가장 강력한 요소는 주변 사람입니다. 주변 관계를 재편하지 않으면 중독에서 벗어나는 일은 거의 불가능합니다.

5. 환경 변화 효과를 구체적으로 기록하라

→ 환경을 개선한 뒤, 어떤 변화가 일어났는지 하루에 한 문장씩 기록하기

→ ㉠ "술병을 치운 뒤 음주 충동이 눈에 띄게 줄었다." "흡연 친구와 연락을 끊고 나니 금연 유지가 쉬워졌다."

왜? — 뇌는 변화가 분명하고 구체적으로 인지될 때 지속 가능한 변화를 만듭니다. 작은 성공도 명확히 기록하고 확인하는 것이 중요합니다.

- 중독은 단지 개인의 의지로 끊는 것이 아닙니다. 환경을 통제하지 못하면 중독도 결코 통제할 수 없습니다.
- 술, 담배, 도박, 약물 중독에서 벗어나려면 유혹을 피하는 환경 설계가 가장 강력한 해답입니다.
- 중독에 반복적으로 빠지고 있다면, 아직 당신의 환경이 중독의 편에 서 있다는 뜻입니다. 환경부터 바꿔야 진정한 회복이 시작됩니다.

◎ 충동을 흘려보내는 힘 — 마음챙김으로 중독 회로 재설계하기

"충동은 억누를 때 강해지고, 흘려보낼 때 약해진다."

목표

- 충동에 자동 반응하지 않고 선택의 여지를 확보하기
- 충동을 객관적으로 관찰하며 감정 조절력 키우기
- 마음챙김을 통해 반복적인 중독 행동의 회로를 재설계하기

마음챙김 실전 매뉴얼

1. 충동과 거리 두기: 생각을 객관화하기

→ 충동이 올라올 때, 즉시 행동하지 않고 자신의 생각을 객관적으로 인지하기

→ ㉠ "술이 너무 마시고 싶다"→"지금 내가 술을 마시고 싶어 한다는 생각을 하고 있구나."

왜? — 생각을 객관화하면 행동까지 이어지는 자동적 연결을 끊을 수 있습니다.

2. 자동적 사고에 질문 던지기: 진짜 사실인가?

→ 중독과 관련된 자동적 사고에 의문을 제기해보기

→ ㉠ "담배를 안 피우면 너무 불안해서 못 견딜 거야."→"정말 불안이 영

원히 지속될까? 안 피우고도 괜찮았던 적이 있었나?"

왜? — 왜곡된 생각이 중독 행동을 강화합니다. 객관적 질문은 그 회로를 약화시킵니다.

3. 충동 서핑하기: 충동을 있는 그대로 관찰하기

→ 충동이 올라오면 즉시 행동으로 옮기지 않고, 감정과 신체 감각을 마치 파도처럼 관찰하기

→ 심장 박동, 근육 긴장, 호흡 속도 등을 조용히 느끼며 기다리기

왜? — 충동은 일정 시간이 지나면 반드시 약해집니다. 이를 경험할수록 충동의 지배에서 벗어나게 됩니다.

4. 충동 행동 일지 작성하기

→ 하루에 한 번, 충동이 일어났던 상황과 그때의 감정, 실제 행동을 기록하기

→ ㉾ "저녁 7시, 스트레스 상태, '담배 피우고 싶어', 실제로 2개비 피움"

왜? — 구체적 기록은 자신을 객관화하고 반복되는 패턴을 명확히 인식하게 합니다.

5. 작은 행동 실험으로 충동 다루기

→ 충동이 강렬할 때 즉시 반응하지 않고 10분만 미루며 변화를 지켜보기

→ 이 10분 동안 다른 행동(호흡, 산책, 물 마시기)을 한 뒤 충동 강도의 변화를 비교하기

왜? — 충동은 꼭 행동으로 연결되지 않아도 된다는 것을 직접 체험합니다.

- 충동은 억누르면 더 강렬해지고 흘려보낼수록 힘을 잃습니다.
- 마음챙김을 통해 자신의 충동을 객관적으로 바라보면, 중독 회로는 서서히 재설계됩니다.
- 충동에 휩쓸리지 않고 흘려보내는 연습이 진정한 중독 극복의 시작입니다.

◎ 함께해야 멈출 수 있다 — 중독을 이기는 연결의 힘

"중독의 반대말은 절제가 아니라 연결이다."

목표
- 고립이 아닌 연결을 통해 중독 회복 기반 만들기
- 진정한 소속감과 공감으로 정서적 결핍 메우기
- 혼자가 아니라 함께 회복하는 시스템 만들기

회복을 위한 연결 매뉴얼

1. 지지 그룹에 참여하기

→ 자신과 비슷한 경험을 공유하는 사람들과의 연결 시도하기

→ ㉠ 온라인 커뮤니티, 오픈 채팅방, 지역 중독 회복 모임 찾아보기

왜? — 회복 중인 사람들과의 연결은 판단 없는 공감을 가능하게 하고,

나도 회복될 수 있다는 희망을 심어줍니다.

2. 회복 대화 나누기

→ 하루에 한 번, 회복과 관련된 진짜 감정을 나눌 수 있는 사람과 대화하기

→ ㊖ "오늘은 술 생각이 너무 심했는데, 너는 어떻게 이겨냈어?", "최근 도박 충동이 다시 올라와서 힘든데, 너는 어떻게 관리하고 있어?"

왜? — 단순한 잡담이 아닌 '회복 중심의 대화'는 정서적 연결과 행동 유지에 큰 힘이 됩니다.

3. 회복 동료와 주기적 만남 갖기

→ 같은 목표를 가진 사람과 일주일에 한 번 오프라인 혹은 온라인으로 정기 모임 갖기

→ ㊖ 금주를 목표로 주 1회 함께 걷기 모임, 금연 성공률을 높이기 위한 운동 모임, 도박중독 회복자 독서 모임

왜? — 회복을 위한 실천은 함께할 때 지속됩니다. 동료는 포기하고 싶을 때 다시 붙잡아주는 힘이 됩니다.

4. 도움을 주며 회복 순환하기

→ 자신의 회복 경험을 바탕으로 초심자나 동료에게 작은 도움 주기

→ ㊖ 금연 초심자에게 나만의 팁 공유하기, 금주 초기 어려운 사람에게 메시지 보내 격려하기, 도박 회복 초기 단계 동료와 전화로 지지

왜? — 누군가를 돕는 행위는 나의 회복을 더 굳건히 하며, 회복의 책임감을 만들어줍니다.

5. 나를 있는 그대로 받아들이는 사람 곁에 있기

→ 실패했을 때도 비난하지 않고, 다시 시작할 수 있게 응원해주는 사람과 자주 연결하기

→ 예) 금연 중 실수해도 격려해주는 친구와 자주 연락하기, 술을 다시 마셨을 때도 비난하지 않고 다시 일으켜주는 가족과의 대화 늘리기

왜? — 중독 회복에서 가장 필요한 건 비난이 아닌 '안전한 관계'입니다.

이런 연결이 자존감의 회로를 회복시킵니다.

- 연결은 감정을 다스리는 가장 강력한 '심리적 처방'입니다.
- 혼자 있는 시간보다, 함께 회복하는 순간이 뇌에 더 오래 남습니다.
- 회복은 언제나 '누구와 함께하느냐'에서 시작됩니다.

◎ 대체 보상 찾기 — 도파민 회복을 위한 건강한 루틴 만들기

"중독을 멈췄다면, 이제 뇌에게 새로운 기쁨을 가르쳐야 한다."

목표

- 중독 행동이 대신하던 '쾌감'을 건강한 방식으로 재구성하기
- 자연적 도파민 자극을 통한 회복 회로 강화하기
- 무기력과 허무함이 아닌 성취와 몰입으로 뇌를 재훈련하기

중독 대신 기쁨을 채우는 실전 매뉴얼

1. 하루 30분 고강도 인터벌 운동 루틴 만들기

→ 짧고 강도 높은 운동(인터벌 달리기, 줄넘기, 고강도 서킷 트레이닝 등)을 매일 일정한 시간에 실천하기

→ 가능한 한 야외에서 햇빛과 함께하는 활동을 선택하기

왜? — 고강도 운동은 도파민 분비를 더 빠르고 강력하게 촉진하여 중독으로 약해진 도파민 회로를 빠르게 회복시킵니다.

2. 작은 목표 설정 후 체크리스트 만들기

→ 매일 할 수 있는 작은 과제 3가지를 정하고, 완료 후 체크하기

→ ㉑ 물 1.5L 마시기, 책 10쪽 읽기, 손글씨 1줄 쓰기

왜? — 목표를 달성할 때마다 뇌는 성취감을 학습하고 도파민 회로가 재생합니다.

3. 몰입할 수 있는 창의 활동 찾기

→ 자신이 즐길 수 있는 취미를 1~2가지 선택해 매일 1시간 이상 몰입하기

→ ㉑ 그림, 음악, 글쓰기, 요리, DIY 등

왜? — 창의 활동은 몰입과 자기 표현을 통해 중독 행동이 채우던 심리적 갈증을 대체합니다.

4. 감각을 깨우는 자연 접촉 시간 확보하기

→ 공원 산책이나 자연 속 조용한 공간에서 혼자만의 시간 보내기

→ ⓔ 스마트폰 없이 숲길 걷기, 해 질 무렵 강가 벤치에 앉아 있기, 맨발로 잔디나 모래 위를 걷기

왜? — 자연은 뇌의 스트레스 반응을 조절하고, 의도적인 감각 자극을 통해 도파민 회로를 직접적으로 자극합니다.

5. 도파민 루틴 일지 쓰기

→ 하루가 끝나기 전, 오늘의 기분 좋았던 순간 3가지를 기록하기

→ ⓔ "운동 끝나고 개운했다." "처음으로 음식을 천천히 먹었다." "글을 쓰며 집중했다."

왜? — 뇌는 기록된 보상에 더 민감해집니다. 자각은 보상 회로를 확장시키는 시작입니다.

6. 사회적 보상 루틴 만들기

→ 매주 1~2회 소규모 모임이나 자원봉사 활동 참여

→ ⓔ 동호회 활동, 지역 봉사, 공동체 프로젝트 등

왜? — 건강한 사회적 보상은 도파민 회복을 촉진하며, 다른 사람과의 긍정적인 교류가 중독 회로의 대체 보상으로 강력하게 작용합니다.

- 도파민은 억제할 대상이 아니라 방향을 바꿔줘야 하는 에너지입니다.
- 당신의 뇌는 처음에는 무기력해 보일 수 있지만, 2~3개월 만에 건강한 자극에 다시 반응하기 시작합니다.
- 회복은 '참는 것'이 아니라 '다시 기뻐할 수 있는 뇌'를 회복하는 과정입니다.

⟨6⟩
회복은 픽션이 아니라 나선이다

중독 회복은 단지 단호한 결심이나 강한 의지만으로 가능한 것이 아닙니다. 중요한 것은 실패해도 자신을 비난하지 않고 다시 일어나 작은 변화를 꾸준히 반복하는 것입니다. 반복되는 중독의 고리에서 벗어나, 자기 삶의 리듬을 천천히 되찾기 시작한 이들의 현실적인 이야기를 소개합니다. 완벽한 회복이 아니라 흔들리면서도 멈추지 않은 사람들의 진짜 기록입니다.

술 생각이 사라졌다 — 내가 직접 경험한 뇌의 변화

나는 퇴근 후 맥주 한 캔을 따며 하루를 마무리하던 사람이었다.

힘든 날엔 소주 한 병, 주말이나 약속이 있으면 폭음. 특별한 이유는 없었다. 그저 습관처럼 때로는 보상처럼 술을 마셨다. 그렇게 한참을 '기능적 음주자'로 살았다. 낮엔 일 잘하고 저녁엔 조용히 마시고, 누구도 문제라고 생각하지 않았다. 나 자신조차도.

그런데 다이어트 목적으로 위고비를 시작하자마자 이상한 변화가 생겼다. 하루 일과를 마친 후 자연스럽게 냉장고로 향하던 발걸음이 멈췄다. 맥주 생각이 거의 나지 않았다. 처음엔 '오늘은 피곤해서 그런가?' 싶었지만 그 다음 날, 또 그 다음 날도 마찬가지였다. 신기한 건 '참는 중'이 아니라는 거였다. 마시고 싶은데 억지로 참는 게 아니라, 그냥 마시고 싶지가 않았다. 마치 뇌가 조용히 우선순위를 바꾼 듯한 느낌이었다.

물론 '오늘은 한 캔 해?' 생각이 완전히 사라진 것은 아니다. 하지만 그럴 때면 곧바로 "굳이?"라는 말이 떠오른다. 의식적으로 생각을 바꾸려 노력하지 않았고, 금주 결심을 다잡지도 않았는데 그렇게 흘러간다. 이상하게 들릴 수도 있겠지만, 내게는 참 편안한 변화였다. 아침에 일어나면 속도 편하고 기분이 상쾌하다. 예전에는 아침마다 "조금 마셨는데 왜 이렇게 피곤하지?" 싶었지만, 이제는 그런 피로감 자체가 없어졌다.

부작용이라면 부작용이랄까, 가족들이 종종 투덜댄다. "술 마실 때가 더 재밌었는데, 이제 완전 노잼 인간이 됐어"라고. 처음엔 웃고 넘겼지만 간혹 '내가 그렇게 재미없는 사람이 되었나?' 곱씹기도 한다. 그래도 간 건강과 맑은 아침을 되찾았으니, 그 정도는 기꺼이 감수할 만하다. 노잼이면 어떤가, 적어도 내 삶은 예전보다 훨씬 선명해졌다.

주변 사람들이 내게 묻는다. "술 마시던 사람이 술 안 마시면 재미없지 않냐?" 전혀 아니다. 억지로 참는 상태가 아니라서 스트레스가 전혀 없다. 누구와의 술자리가 의미 있다면 여전히 함께 마신다. 그 차이는 '의식적 선택'에 있다. 전에는 술이 나를 이끌었지만 지금은 내가 술을 고른다.

"이 변화는 의지력과는 무관했다. 나는 그저 뇌가 바뀌는 경험을 했을 뿐이다."

의지를 다잡는 수많은 시도보다 더 강력한 것은 뇌 회로가 바뀌는 순간이라는 사실을 처음으로 실감했다. 이제 나는 '술을 마시지 않기 위해 애쓰는 사람'이 아니라, '굳이 마시고 싶지 않은 사람'이다. 이것이 이전의 나와 지금의 내가 가장 다른 점이다.

담배 없이도 잘 산다

30대 개발자 준호는 수없이 금연을 결심했고 그때마다 실패했다. 하루 한 갑씩 15년 넘게 피워온 담배는 그의 스트레스 해소제인 동시에 코딩 집중의 루틴이었다. "생각이 막히면 한 대 피우고 와야 풀린다"는 준호에게는 그냥 하는 소리가 아니라 실제 뇌 회로처럼 굳어진 믿음이었다.

전환점은 건강검진이었다. 폐기능 저하 수치와 만성 기침. 무시할 수 없던 경고에 준호는 결국 행동에 나섰다. 이번에는 단순히 참는 게 아닌 전략을 세웠다. 먼저 병원에 가서 금연 약물인 챔픽스를 처방받았다. 담배를 피워도 만족감이 줄어드는 약물의 작용은 니코틴과 뇌의 연결 고리를 조금씩 약화시켰다. 동시에 지역 보건소 금연 클리닉 상담도 병행하며 행동 계획을 구체화했다.

환경부터 바꿨다. 집 베란다의 재떨이를 없애고 화분과 작은 탁자를 놓았다. 흡연 구역은 더는 '생각 정리하는 곳'이 아닌 '마음 가라앉히는 공간'이 되었다. 직장에서는 흡연자 동료들과의 루틴을 끊고 그 시간에 계단을 오르거나 '커피 산책'을 하며 5분을 보냈다. 코딩 루틴도 '25분 집중+5분 휴식'의 방식으로 바꾸어 흡연 사이클을 깨트렸다.

약을 복용한 지 2주가 지나면서 담배 생각이 조금씩 줄었다. 뇌 내의 니코틴 회로가 끊어진 느낌이었다. "예전 같으면 식후나 코딩 전엔 무조건 피웠는데, 어느 순간 안 피워도 괜찮더라고요." 그 자신도 놀랐다. 집중력이 약해질까 두려웠던 것도 기우였다. 오히려 생각이 더 선명하게 이어졌다. 흡연과 집중력이 연관 있다는 생각은 니코틴이 만들어낸 뇌의 환상이었다.

현재 준호는 완전한 금연자는 아니다. 가끔 유혹에 흔들리기도 하지만 이제는 명확히 안다. "이젠 담배 없이도 살 수 있다." 실패할 때도 자책하기보다는 '이 방식이 나한테 잘 통했구나'를 관찰하고 기록하며, 그는 담배가 없는 삶을 조금씩 넓혀가고 있다.

끊을 수 없을 것 같던 인터넷 도박

20대 대학생 준영은 대학 2학년 때 친구들과 재미 삼아 스포츠 베팅 앱을 시작했다. 처음엔 천 원, 5천 원 소액으로 월드컵 경기에 베팅하며 환호했지만, 첫 승리의 짜릿함이 뇌에 각인되면서 판돈은 점점 커졌다. 어느 순간부터 그는 수업 시간에도, 아르바이트 중에도 심지어 화장실에서도 도박 앱을 켜는 사람이 되어 있었다.

지갑이 얇아질수록 베팅 금액은 오히려 늘어났다. '이 한 번만 이기면 다 만회할 수 있어.' 그렇게 생각하며 신용카드를 돌려막고 부모님에게는 거짓말로 생활비를 타 썼다. 대출, 사채, 친구들의 돈까지 끌어다 쓴 끝에, 스물다섯 청년이 진 빚은 무려 1,800만 원이었다. 도박은 이미 '게임'이 아니라 삶 전체를 집어삼킨 시스템이었다.

중간고사 시험을 완전히 놓친 어느 밤. 화면 속 숫자에 홀려 밤을 새우고, 아침 거울 속에 비친 자신의 모습을 보고 준영은 멈춰 섰다. 부은 얼굴, 충혈된 눈, 몇 날 며칠 씻지 않은 후줄근한 몰골. "이건 내가 아니야." 준영은 처음으로 부모님께 솔직하게 상황을 털어놓았다. 충격과 실망이 뒤섞인 가족들의 반응에도 불구하고 회복은 그 고백에서 시작됐다.

그는 도박 앱을 모두 삭제하고, 주요 사이트에서 영구 탈퇴했으며, 스마트폰에 도박 차단 프로그램을 설치했다. 금전적 유혹을 줄이기 위해 체크카드 하나만 들고 다녔고 모든 수입과 지출은 부모님께 관리를 맡겼다. 무엇보다 중요한 건 전문가의 도움이었다. 학교 상담센터를 통해 도박 중독 전문 심리상담을 받으면서, 준영은 도박 충동이 감정 기복, 특히 외로움과 스트레스, 무력감 같은 정서적 결핍을 순간적 자극으로 덮으려는 시도였음을 깨달았다.

대체 자극도 필요했다. 그는 운동으로 방향을 틀었다. 헬스를 등록하고 등산 동아리에 가입하면서 도박이 주던 '긴장감'과 '성취감'을 신체 활동으로 전환했다. 운동은 도파민을 긍정적으로 자극하고, 그 효과가 오래 지속된다는 걸 몸소 느꼈다. 정상에 올랐을 때의 뿌듯함이 돈을 따는 것보다 훨씬 오래가고 죄책감도 없다는 사실을 알게 된 순간, 그의 회복은 첫 계단을 넘은 셈이었다.

지금도 유혹은 완전히 사라지지 않는다. 하지만 준영은 매달 자조모임에 나가고 상담 일지를 쓰며 자신의 패턴을 끊임없이 관찰하고 수정 중이다. 완벽하진 않지만 확실히 이전보다 단단해졌다. "이제는 내가 게임에 끌려가는 게 아니라, 내 인생의 판을 스스로 다시 짜고 있다는 느낌이에요."

⟨7⟩
회복에 성공한 사람들은 무엇이 달랐을까?

중독은 쉽게 끊을 수 있는 '나쁜 습관'이 아닙니다. 오랜 시간 뇌의 보상 회로에 새겨진 각인이고, 감정을 견디기 위한 하나의 생존 방식이자 고통을 잊기 위해 형성된 자동 반응이지요. 그래서 '그만두겠다'는 결심만으로는 부족합니다. 중독을 끊는다는 건 단순한 중단이 아니라 삶의 구조를 재편성하는 일입니다.

유혹에 무너졌다고 해서 회복에 실패한 것은 아닙니다. 회복은 직선이 아닌 나선형 경로이며 중요한 것은 방향입니다. 다시 시작하는 용기, 그 자체가 회복의 본질입니다.

회복의 핵심은 의지보다 '환경'과 '리듬'에 있습니다. 담배를 피우던 자리의 재떨이를 화분으로 바꾸고, 술을 마시던 밤을 산책으로 채우고, 도박을 하던 새벽을 등산 시간으로 바꾼 사람들이 있습니다. 이들이 말하는 회복의 비결은 거창한 다짐이 아니라 '하루를 조금 다르게 시작하는 것'입니다. 중요한 것은 나 자신을 억누르는 것이 아니라, 나를 유혹하는 환경을 바꾸는 것입니다.

또 하나의 중요한 전환점은 '비난'이 아닌 '이해'입니다. 중독에 빠진 자신을 나약하다고 여기는 순간, 회복은 오히려 멀어집니다. 반대로 "이건 내 의지의 문제가 아니라 뇌의 작동 방식 때문일 수 있다"는 이해는 자책 대신 전략을 고민하게 만듭니다. 회복은 자신을 질책하는 대신 관찰하고 설계하며 반복하는 과정입니다. 실패는 당신이 약하다는 증거가 아니라, 더 나은 방법을 찾으라는 신호입니다.

무엇보다 인상적인 건, 중독에서 벗어난 사람들이 공통적으로 혼자 힘으로만 싸운 게 아니라는 점입니다. 중독은 고립 속에서 심화되지만, 회복은 연결 속에서 시작됩니다. 내 이야기를 편견 없이 들어줄 친구, 비난 대신 이해로 감싸주는 가족, 비슷한 경험을 공유하며 서로 지지하는 사람들의 존재는 중독에서 빠져나오는 결정적 전환점입니다. 회복의 열쇠는 '혼자가 아니라는 감각'에 있습니다. 연결은 중독의 가장 강력한 해독제입니다. 중독의 고통에서 빠져나오고 싶다면, 혼자 애쓰기보다는 손을 내밀어 누군가와 함께 걸어야 합니다. 그 연결이 당신을 회복으로 이끕니다.

회복은 새로운 자아를 만들어가는 과정입니다. 중독은 "내가 왜 이걸 멈출 수 없을까?"라는 질문으로 시작되지만, 회복은 "나는 이제 어떤 사람이 되고 싶은가?"라는 질문으로 이어집니다. 단지 중독 행동을 제거하는 것이 아니라, 그 자리에 새로운 삶의 형태를 채워 넣는 것이 진정한 회복입니다. 끊는 것보다 중요한 건 '무엇으로 삶을 다시 채울 것인가'입니다.

세상에 완벽한 사람은 없습니다. 누구나 넘어지고 유혹 앞에서 멈추기도 하지요. 회복은 '실패하지 않는 사람'이 아니라 '실패할 때 다시 일어나는 사람'을 위한 길입니다. 위의 사례들이 당신에게 완벽한 해답이 될 수는 없겠지만, 하나의 길잡이는 되어줄 것입니다. 당신은 혼자가 아닙니다. 회복은 느리지만 가능합니다. 지금 이 순간 멈추려는 당신의 충동은, 어쩌면 새로운 삶을 위한 첫걸음일지도 모릅니다.

5장

사랑은 왜 결국
상처로 돌아오는가?

〈1〉
사랑이 딜레마가 되는 이유

사랑은 인류 역사상 가장 많이 다루어지는 주제인데도 여전히 미스터리입니다. 연인 관계는 행복의 원천이자 고통의 시작이 되기도 하지요. 처음엔 '이 사람은 내 세상의 전부'라며 밤새 통화하고 문자를 주고받다가 시간이 지나면 '왜 이렇게 말 한마디 한마디 다 거슬리지?'라며 한숨을 내쉽니다. 분명 같은 사람인데 내 마음이 변한 걸까요, 아니면 원래부터 그렇게 거슬리는 사람이었을까요.

생각하면 참 아이러니하지요? "평생 함께하자"며 시작한 관계가 어떻게 "당신 코 고는 소리 때문에 잠을 못 자겠어!"라는 짜증으로 변할 수 있는지 말이에요. 처음에는 상대방의 하품도 귀여웠는데, 시간이 지나니 숨 쉬는 소리까지 거슬립니다. 상대는 그대로인데 내 뇌는 완전히 다르게 반응합니다. 이 기묘한 변화가 바로 우리가 이제 탐구할 '사랑의 역설'입니다. 배우자나 애인이 식탁에서 "당신 쩝쩝대는 소리 너무 거슬려!"라고 화내는 상황은, 이미 고대 철학자들이 수천 년 전에 예견했던 일인지도 모릅니다.

사랑의 본질을 파헤치기 위해, 역사상 가장 깊은 통찰을 제공한 철학자들의 생각부터 들여다봅시다. 플라톤은 사랑을 영혼의 갈망, 아리스토텔레스는 덕의 공유, 쇼펜하우어는 유전자의 속임수, 에리히 프롬은 의식적으로 개발해야 하는 능력으로 보았습니다. 이런 철학적 통찰과 현대 뇌과학의 발견을 결합하면, 우리의 사랑과 갈등은 단순한 감정이 아닌 생물학적, 심리적, 철학적 복합체임을 알 수 있습니다.

"오늘 설거지 좀 해줄래요?"라는 평범한 요청 뒤에도 철학적 의미와 신경학적 메커니즘이 숨어 있습니다. 이것을 이해한다면 인간관계는 훨씬 더 흥미로워질 겁니다. 적어도 다음번에 배우자가 양말을 바닥에 던져둘 때, "이건 단순한 양말이 아니라 우리 관계의 철학적 상징이야!"라며 웃어넘길 수 있을 테니까요. 아니면 최소한 "내 편도체가 과민반응 중이야. 잠깐만 전전두엽에게 기회를 줘야겠어"라고 중얼거릴 수 있겠죠.

이 장에서는 연인과 부부 사이에서 벌어지는 감정의 충돌과 그 뿌리를 들여다볼 것입니다. 사랑이 식어가는 순간에도 관계를 지켜내는 뇌의 전략, 일상의 사소한 갈등을 기회로 바꾸는 대화의 기술, 무엇보다 상대방을 바꾸려 하기 전에 내 안의 반응부터 이해하는 법을 배워봅시다.

한숨과 미소가 반복되는 이 여정이 끝나면, 사랑의 복잡성이 조금 달리 보일지도 모릅니다. 적어도 관계가 흔들릴 때마다 자문하게 될 거예요. '지금 내 뇌는 어디로 가고 있지? 내 감정과 내 생각 중에 어느 쪽이 진짜 나일까?'

〈2〉
사랑을 해석해온 철학자들의 관점

◐

사랑은 누구에게나 익숙하지만 정작 정의하기는 가장 어려운 감정입니다. 누군가는 사랑을 운명이라 말하고, 누군가는 본능이라 치부하며, 어떤 이는 평생에 걸쳐 배워야 하는 기술이라 말하죠.

플라톤부터 프롬까지, 시대를 초월한 철학자들의 시선을 따라 사랑의 본질을 알아봅시다. 그들은 우리에게 묻습니다. "사랑이란 단지 끌림일까, 함께 성장하려는 의지일까 아니면 진정한 자아를 발견하는 여정일까?"

사랑은 미의 이데아를 향한 여정이다 — 플라톤

플라톤의 대화편《향연》에서 사랑은 영혼의 결합으로 묘사됩니다. 그의 유명한 '반쪽 신화'에 따르면, 인간은 원래 네 팔과 네 다리를 가진 완전한 존재였지만 신들이 두려워 둘로 갈라놓았고, 우리는 계속 우리의 다른 반쪽을 찾아 헤맨다고 하지요.

그러니까 플라톤의 주장에 따르면, 소개팅에서 느끼는 '뭔가 느낌이 온다!'는 감각은 사실 수천 년 전 잃어버린 나의 반쪽을 마주했을 때 영혼이 보내는 신호입니다. 인류 최초의 "우리 전생에 만난 적 있나 봐요" 라인인지도 모르겠네요. 플라톤식 사랑은 운명적이고 초월적이며 연애 초기의 "이 사람이 바로 내 운명!"이라는 황홀감을 설명합니다.

하지만 플라톤은 단순한 낭만주의자가 아닙니다. 그는 사랑을 진리 추구의 사다리로 생각했지요. 육체적 매력에서 시작해 정신적 아름다움으로, 궁극적으로는 '아름다움 그 자체'의 이데아로 상승한다고 보았습니다. 현대적으로 보면, 초기의 육체적 매력에서 점차 지적, 정신적 연결로 발전해가는 성숙한 사랑의 과정과 맞닿아 있습니다.

플라톤에게 데이트란 무엇이었을까요? 아마도 이렇게 말했을 겁니다. "처음에는 미모에 반했지만 이후에는 지성에 매료되었고, 지금은 그녀를 통해 영원한 아름다움의 본질을 바라보고 있지." 그런데 오늘날 데이팅 앱 프로필에 "영원한 미(美)의 이데아를 함께 추구할 파트너 찾습니다"라고 쓰면 어떤 반응이 올까요? 스와이프 왼쪽이 될까요, 오른쪽이 될까요? 대부분은 '이 사람, 철학과 나왔나?' 생각하며 왼쪽으로 넘길 테지만, 그래도 누군가는 오른쪽으로 넘기겠죠. 그게 바로 플라톤이 말한 '운명적 만남'일 것입니다.

그러나 여기서 현실적이고 실용적인 질문이 생깁니다. 상대가 설거지를 안 하거나, 매일 늦게 귀가하거나, 잔소리할 때도 과연 영혼의 결합을 느낄 수 있을까요? 플라톤이라면 이렇게 대답했겠죠. "그건 육체와 일상의 문제일 뿐, 진정한 영혼의 결합은 그 너머에 있다네." 하지만 현실의 우리는 이렇게 생각할 수밖에요. '이 사람 내 영혼의 반쪽은 맞는 거 같은데, 왜 이렇게 짜증나지?'

사랑은 덕을 위한 파트너십이다 — 아리스토텔레스

플라톤의 제자 아리스토텔레스는 스승보다 더 현실적으로 접근합니다. 《니코마코스 윤리학》에서 그는 사랑을 세 가지로 구분합니다. 첫째는 육체적 매력과 열정에 기반한 '쾌락을 위한 사랑(에로스, Eros)', 둘째는 상호 이익과 필요에 의한 '유용함을 위한 사랑(필리아, Philia)', 셋째는 상대의 선(善)을 진심으로 추구하는 '덕을 위한 사랑(아가페, Agape)'입니다.

현대식 표현으로 바꿔보면 에로스는 "정말 매력적이야!", 필리아는 "함께 월세를 나누면 좋겠는데?", 아가페는 "당신이 성장하는 모습만 봐도 기뻐요"라고 할 수 있지요. 아리스토텔레스가 본다면 틴더는 주로 에로스, 룸메이트 사이트는 필리아겠지만 아가페를 위한 앱은 아직 개발되지 않은 듯합니다. 스타트업 아이디어로 어떨까요? 슬로건은 간단히 "아가페매치(AgapeMatch), 서로를 더 나은 사람으로 만들어줄 사람을 찾아보세요!"

그에 따르면 진정한 사랑, 특히 부부 관계는 세 번째 유형인 덕의 사랑에 가장 가까워야 합니다. 단순히 열정이나 유익 때문이 아니라 서로를 더 나은 사람으로 성장시키는 관계여야 하지요. 그는 "진정한 우정은 덕에 기반한다"고 했는데 이 말은 연인 관계에도 그대로 적용됩니다. 상대방의 성장과 행복을 진심으로 바라고, 그들의 미덕과 가치관을 존중하면 관계는 더욱 견고해집니다.

아리스토텔레스의 관점에서 부부싸움을 해석하면 흥미롭습니다. "당신은 왜 항상 늦어?"라는 불만은 단순한 짜증이 아니라 '약속을 지키는 덕'을 요구합니다. "설거지 좀 해!"라는 비난은 '가사 분담의 정의'에 대한 요청이고요. 다음번에 배우자가 "집이 돼지우리야 뭐야!"라고 말하면 이렇게 응수해보세요. "내 '절제의 덕'이 부족하다는 말이군요. 발전할 기회를 줘서 고마워요." 효과는 보장할 수 없지만 상대방을 당황시키는 데는 분명히 성공할 겁니다.

사랑은 본능이 만든 환상이다 — 쇼펜하우어

19세기 독일 철학자 아르투어 쇼펜하우어는 사랑에 대해 놀랄 만큼 냉정합니다. 《사랑과 성생활의 형이상학》에서 그는 로맨스를 종족 보존을 위한 자연의 속임수라고 정의했지요. 우리가 누군가에게 강렬하게 끌리는 이유는, 실제로는 건강한 자손을 남기기 위한 생물학적 본능이라고요. "사랑에 빠질 때 우리는 행복을 꿈꾸지만, 자연은 우리의 행복이 아니라 종족 보존을 노린다"는 그의 말은 지금 들어도 상당히 도발적입니다.

쇼펜하우어가 현대 데이팅 문화를 본다면 이렇게 말할지도 모릅니다. "당신이 '운명적 만남'이라 부르는 건, 사실 DNA가 만든 프로그램일 뿐이오." '찰떡궁합'이라는 말도 "우리 유전자가 자손 생산에 최적화된 조합"이라고 번역될 수 있겠죠. 이런 철학자와 연애하면 로맨틱한 순간마다 분위기가 깨질지도 모릅니다. "당신 눈이 아름다워요"라는 찬사에 "그건 후손에게 좋은 시력을 주려는 생물학적 전략이오"라고 답하는 식으로 말입니다.

이런 시각은 현대 뇌과학과 진화심리학의 연구와도 연결됩니다. 연애 초기에 나타나는 강렬한 감정은 중독과 유사한 뇌 반응을 보이며, 이는 결합을 촉진하기 위한 생물학적 메커니즘으로 해석됩니다. 문제는 이 반응이 영원히 유지되지 않는다는 것입니다. 쇼펜하우어라면 "감정이 식었다고요? 그건 자연이 임무를 완수했다는 신호입니다"라고 말할 겁니다. 연애 초기의 불꽃이 사그라드는 건 실패가 아니라 자연스러운 현상이라는 것이죠.

하지만 쇼펜하우어는 단순한 비관론자에 그치지 않았습니다. 그는 인간이 이러한 충동을 넘어서기 위해 '동정(compassion)'과 '절제'를 실천할 수 있다고 믿었습니다. 사랑이 본능의 산물이라는 사실을 자각하고, 그것에 휘둘리지 않으며 더 깊은 관계를 선택적으로 구축할 수 있는 가능성을 제시하지요. 이는 오늘날 우리가 말하는 '성숙한 관계', '깊은 유대'와 통하는 개념입니다.

결국 쇼펜하우어의 시선은 사랑을 이상화하지 않으면서도, 인간은 그 본능을 초월할 수 있는 존재라는 가능성을 남깁니다. 뜨거운 열정이 사라졌다고 해서 관계가 끝난 것은 아닙니다. 오히려 그때부터 시작되는 진짜 사랑도 있습니다. 감정이 식었을 때 "왜 예전 같지 않지?"라고 자책하기보다 "자연스러운 과정을 지나고 있을 뿐이야"라고 이해하는 태도야말로 쇼펜하우어식 연애 생존 전략입니다. 본능을 넘어서는 사랑을 선택할 때, 우리는 비로소 진정한 의미의 자유를 경험합니다.

사랑은 연습이 필요한 기술이다 — 에리히 프롬

20세기 심리학자이자 철학자인 에리히 프롬은 《사랑의 기술》에서 사랑을 단순한 감정이 아니라 의식적으로 개발해야 할 능력이라고 말합니다. "사랑은 '찾는 것'이 아니라 '배우는 것'"이라고 강조하며, 운명론이나 일시적 감정에 의존하는 현대인의 사랑관을 비판했지요. 프롬은 사랑을 피아노 연주와 같은 '반복적인 연습이 요구되는 기술'로 여겼습니다. "케미가 사라졌어요"라는 말은, 그에게는 "연습을 안 했더니 손가락이 굳었어요"와 같은 말일지 모릅니다.

그는 현대 사회가 사랑을 소유 혹은 소비의 대상으로 오해한다고 지적합니다. 진정한 사랑은 마음의 태도(attitude)이며, 상대를 성장시키고 함께 성장하려는 의식적인 자세에서 출발해야 한다고 여겼지요. 그에 따르면, 사랑에는 네 가지 기본 요소가 있습니다. 상대의 행복과 성장을 돌보는 '돌봄', 그의 필요에 기꺼이 반응하는 '책임감', 있는 그대로를 인정하는 '존중', 얕지 않은 이해를 바탕으로 한 '지식'입니다.

이를 현대적으로 적용하면 사랑은 체크리스트가 아니라, 정성스럽게 매일 기록하는 감정 일기와 같습니다. "오늘은 상대의 이야기를 끝까지 들었다." "그가 피곤해 보였을 때 먼저 다가가 물었다." "그의 취향을 다시 알아보려 노력했다." 이런 사소한 행동이 쌓여 진정한 사랑의 능력이 자랍니다. 만약 '사랑 피트니스 앱'이 있다면 매일 밤 "오늘 당신의 사랑 점수는 78점! 존중은 탁월했지만 책임감은 좀 더 노력하세요" 같은 피드백을 받을지도 모릅니다. 어쩌면 이것이야말로 진짜 로맨스일지도 모르겠네요.

프롬의 접근은 열정이 사라졌다고 느끼는 오래된 관계에서 특히 중요한 통찰을 줍니다. 그는 "사랑은 느끼는 것이 아니라 하는 것"이라고 단언합니다. 감정이 줄었다고 해서 사랑이 끝난 것이 아니라, 우리가 그 기술을 연습하지 않았기 때문에 감각이 무뎌졌다는 의미입니다. 사랑은 유지되는 것이 아니라 '지속적으로 해나가는 행위'이며, 감정보다는 실천의 문제라고 말합니다.

갈등 상황에서 프롬은 "상대를 고치려 하기보다 먼저 이해하고 존중하라"고 조언합니다. 그는 자신을 사랑할 수 있는 능력을 타인을 사랑하는 능력의 전제조건으로 생각합니다. 결국 사랑은 운명적으로 생겨나는 것이 아니라 성장과 연습, 그리고 인간 이해의 깊이에서 생성됩니다. 프롬은 사랑을 평생에 걸쳐 닦아야 할 기술이자 태도로 여겼습니다. 사랑이란 배우고 익히는 것이며, 그렇게 매일 반복되는 실천 속에서 진정으로 성숙한 관계를 만들어갈 수 있습니다.

〈3〉
사랑에 반응하는 뇌의 메커니즘

사랑이 우리의 의도와 다르게 움직이는 이유는 어쩌면 이미 우리의 뇌 속에서 그 설계도가 짜여 있기 때문일지도 모릅니다. 첫 만남의 떨림부터 오래된 관계에서 느끼는 안정감과 갈등까지, 사랑의 모든 순간은 신경화학적 반응의 결과입니다. 도파민, 옥시토신, 세로토닌 같은 호르몬들이 각자의 역할을 수행하고, 편도체와 전전두엽은 갈등 상황에서 끊임없이 균형을 맞추려 합니다. 사랑의 미스터리를 풀기 위한 첫 번째 단계는 바로 우리의 뇌를 이해하는 일입니다.

사랑에 불을 지피는 도파민

사랑은 뇌 깊숙한 곳에서부터 시작됩니다. 연애 초기의 우리 뇌는 도파민 생산 공장처럼 활발히 움직입니다. 도파민은 쾌락, 보상, 동기부여를 담당하는 호르몬이지요. 연인을 볼 때마다 뇌는 "와, 이건 최고의 보상이야!"라는 신호를 발산합니다. 연인의 메시지를 받고 심장이 뛰는 순간, 우리의 뇌는 처음 무대에 오르는 배우처럼 흥분과 긴장으로 가득 찹니다. '그는 날 어떻게 생각할까?'라는 설렘과 기대가 뇌에서는 놀랍도록 강렬한 감정으로 나타납니다. "사랑에 빠졌다"는 표현이 마법에 걸린 듯한 느낌을 주는 이유도 이 도파민의 작용 때문입니다.

이처럼 도파민이 넘쳐나는 상태에서는 우리의 행동도 극적으로 달라집니다. 시간은 유난히 빠르게 느껴지고, 일상에 제대로 집중하지 못하며, 에너지는 끝도 없이 샘솟아요. 감각은 더욱 날카로워져 연인의 향기, 말투, 작은 행동 하나하나에 의미를 부여합니다. 평소라면 절대 하지 않았을 말이나 행동도 이 시기에는 아무렇지 않게 내뱉습니다. 운동을 싫어하는 사람이 "저도 등산 좋아해요!"라고 소리치고, 늘 모든 일에 철저한 계획을 세우던 사람이 "그냥 자연스럽게 흘러가자"라고 말하는 이유는 뇌가 일시적으로 도파민에 납치된 상태이기 때문입니다.

이 초기 단계에서 도파민은 사랑이라는 연극의 무대를 밝히는 화려한 조명과 같습니다. 상대의 말, 웃음, 몸짓 하나하나가 특별하고 뇌는 그것을 '소중한 기억'으로 저장하려 애씁니다. 그러나 이 황홀한 시기는 영원히 지속되지 않습니다.

연애가 일정 시간이 지나면 도파민 수치는 점차 정상화되기 시작합니다. 보통 6개월에서 2년 사이에 이런 변화가 찾아오며, 흔히 말하는 '허니문 기간의 끝'이 이 시점에 해당하지요. 상대의 작은 습관들이 거슬리기 시작하고, 한때 귀엽게 보였던 행동들이 이제는 인내심을 시험하는 요소로 변합니다. '내가 왜 그렇게 빠졌더라?' 하는 회의가 슬그머니 고개를 들면서 도파민 콩깍지가 서서히 벗겨집니다.

하지만 도파민이 줄었다고 사랑이 끝난 것은 아닙니다. 오히려 관계가 다음 단계로 진화 중이라는 신호입니다. 쇼펜하우어의 표현을 빌리면 "자연의 속임수가 끝났다"고 할 수 있지만, 실제로는 더 깊고 안정적인 애착의 단계로 넘어가는 시점이기도 합니다. 이 시기를 잘 통과하면, 사랑은 무대 위 화려한 조명에서 벗어나, 상대를 또렷하게 바라볼 수 있는 편안하고 따뜻한 일상의 빛 속에서 더 성숙한 모습으로 지속됩니다.

관계를 유지하는 사랑의 호르몬, 옥시토신 & 바소프레신

도파민의 열정적인 불꽃이 잦아들 무렵, 관계의 지속성을 책임지는 새로운 호르몬들이 무대에 등장합니다. 바로 옥시토신과 바소프레신입니다. '사랑의 접착제', '포옹 호르몬'이라 불리는 옥시토신은 신체적 접촉 특히 포옹, 키스, 성관계 등을 통해 분비되어 신뢰와 애착 형성에 중요한 역할을 합니다. 옥시토신이 풍부하게 분비되면 상대에게서 안정과 편안을 느끼고, 그 사람이 곁에 없을 때도 감정적 안정이 유지됩니다. 모자간 유대감을 만드는 출산과 모유 수유 과정에서도 핵심 역할을 하는 옥시토신은 연인 관계에서도 '이 사람과 함께하면 편안해'라는 깊은 정서적 연결을 제공하지요.

옥시토신이 관계의 '안전한 항구'를 만들어준다면, 도파민은 관계의 시작을 알리는 강렬한 불꽃이었습니다. 도파민만 있다면 관계의 지속성이 떨어지고 자극만 좇는 상태가 되지만, 옥시토신이 함께하면 더욱 깊고 안정적인 관계로 진화합니다. 건강한 장기 관계에는 이 두 호르몬의 균형이 필수입니다.

일부일처제, 부성 행동과 관련 있는 바소프레신은 특히 남성에게 중요한 호르몬입니다. 프레리 들쥐를 대상으로 한 유명한 연구에서, 바소프레신 수용체가 많은 종은 평생 한 파트너에게 충실한 반면, 그렇지 않은 종은 여러 파트너를 갖는 경향을 보였습니다.

프레리 들쥐와 메도우 들쥐의 차이점을 아세요? 겉모습은 매우 비슷하지만 프레리 들쥐는 평생 한 파트너와 살고, 메도우 들쥐는 여러 파트너를 갖습니다. 이 차이의 비밀은 바로 바소프레신 수용체의 분포에 있습니다.

과학자들이 '바람둥이' 메도우 들쥐에게 '충실한' 프레리 들쥐의 바소프레신 수용체 유전자를 주입했더니, 놀랍게도 그들도 충실한 파트너가 되었답니다![96] 이 연구 결과를 접한 많은 여성들이 "우리 남편에게도 그 주사 좀 놔주세요"라고 농담을 했다네요. 인간관계는 들쥐보다 훨씬 더 복잡하니 호르몬 주사로 다 해결되진 않지만, 관계의 유지와 충실성에 호르몬의 역할이 얼마나 중요한지 보여주는 연구입니다.

이 두 호르몬은 사랑을 유지하는 데 필요한 감정 요소들을 조율합니다. 함께할 때 느끼는 안정감, 신뢰, 스트레스 완화는 옥시토신과 바소프레신이 만들어내는 효과입니다. 특히 20초 이상 지속되는 포옹은 스트레스 호르몬인 코르티솔을 줄이고, 옥시토신 분비를 촉진한다고 합니다.[97]

이 호르몬들은 장기적인 관계에서 일종의 '감정적 중독'처럼 작용, 함께 있을 때 뇌가 편안함과 안정을 느낍니다. 그래서 우리는 아무리 피곤하고 힘든 하루여도 "그 사람이 옆에 있으면 괜찮아"라고 말하지요. 하지만 이 호르몬 작용도 관계의 분위기에 따라 달라집니다. 지속적인 갈등이나 비난, 특히 경멸과 같은 정서적 독소는 옥시토신 분비를 억제하고 유대감을 약화시킬 수 있습니다.[98] 결국 장기적인 관계는 뇌 화학적으로도 지속적인 돌봄과 존중이 필요한 구조물입니다.

감정의 진폭을 줄이는 평온의 세로토닌

'행복 호르몬'으로 유명한 세로토닌은 기분 조절, 불안 감소 그리고 전반적인 웰빙 감각에 깊이 관여합니다. 도파민이 짜릿한 자극과 보상을 추구하게 만든다면, 세로토닌은 마음의 파도를 잔잔하게 가라앉혀 줍니다. 연애의 화학 단계를 비유하면 도파민은 불꽃놀이, 세로토닌은 모닥불, 옥시토신은 담요 같다고 할 수 있지요. 처음엔 화려한 불꽃놀이가 눈을 사로잡지만, 긴 겨울밤을 따뜻하게 보내려면 모닥불과 담요가 필수랍니다.

흥미롭게도 연애 초기에는 세로토닌 수치가 오히려 낮아지는 경향이 있습니다. 강박장애 환자의 신경학적 특징과 유사하지요. 연애 초기에 "계속 그 사람 생각만 나요." "잠시만 연락이 안 되도 하루 종일 불안해요" 같은 강박적 사고가 나타나는 이유이기도 합니다.[99] 도파민은 "지금 당장 보고 싶어!" 소리치지만 세로토닌은 "진정하고 천천히 가자"며 달래지요. 관계가 안정기에 접어들면 세로토닌의 역할은 점점 커집니다. 안정된 세로토닌 수치는 감정 기복을 줄이고, 장기적 관점을 유지하게 도와주며, 강박적 사고와 불안을 완화합니다.

세로토닌의 장점은 도파민처럼 급격히 오르내리지 않으며, 서서히 증가해 더 오래 지속된다는 점입니다. 관계의 흐름도 이 두 호르몬의 변화에 따라 바뀌지요. 연애 초반 도파민이 주도하던 열정은 시간이 지나면서 점차 세로토닌 중심의 평온한 애착으로 전환됩니다. '뜨거운 사랑'에서 '편안한 동반자 관계'로 자연스럽게 넘어가는 것이지요.

세로토닌은 스트레스, 수면 부족, 운동 부족, 불규칙한 식습관 등에 매우 민감하게 반응합니다. 출산 직후나 육아 초기, 직장에서 스트레스를 많이 받을 때 부부 갈등이 늘어나는 이유도 단순히 '관계 문제'가 아니라 신경화학적 균형이 무너진 결과일 수 있어요.[100] 햇볕 쬐기, 가벼운 운동, 충분한 수면, 건강한 식사, 명상이나 호흡법 등은 세로토닌 수치 증가에 도움이 됩니다. 무엇보다 이런 활동들을 파트너와 함께 하면 그 효과는 배가 되지요. 결국 건강한 관계란 두 사람이 함께 뇌의 화학적 균형을 맞추어가는 섬세한 공동 작업입니다.

싸움과 이성 사이, 감정의 격전지 편도체와 전전두엽

뇌의 구조 중 편도체와 전전두엽은 관계 갈등 상황에서 핵심 역할을 합니다. 편도체는 뇌의 감정 센터로, 상대의 냉담한 표정이나 무심한 말투 같은 사회적 위협에 반응해 위험 신호를 보냅니다. 이 신호는 스트레스 호르몬인 코르티솔과 노르에피네프린 분비를 유도해 몸과 마음을 긴장시키죠.

반면 이성적 관리자인 전전두엽은 계획하고 판단하며 감정을 조절하는 기능을 담당합니다. 감정이 솟구치는 상황에서 "잠깐, 상황을 분석해보자"며 중재를 시도하지요. 앞서 언급했듯 전전두엽은 장기적 목표를 우선시하는 CEO 역할을 하지만, 관계 갈등에서는 특히 '상대방의 관점을 이해하고 공감하는 능력'이라는 더 섬세한 기능을 수행합니다.

편도체는 "모든 게 위험해! 당장 방어해야 해!" 열정적으로 외치고 전전두엽은 "잠깐만요, 증거를 확인하고 차분히 생각합시다"라고 개입합니다. 하지만 훨씬 더 오래된 뇌 구조인 편도체의 반응이 빠른 반면, 진화적으로 새로 생긴 구조인 전전두엽은 반응이 늦다는 것이 문제입니다.[101] 그렇기 때문에 갈등 상황에서 첫 5초는 거의 항상 편도체의 독무대입니다. 만약 파트너가 "오늘 좀 늦을 것 같아"라고 말했을 때 편도체가 "날 무시하는 거야!"라고 반응하면 어떨까요? "또? 만날 늦으면서!" 같은 뾰족한 말이 튀어나올 수 있어요. 반면 전전두엽이 제때 개입하면 "일이 많은가 보네. 조심해서 와"라는 반응이 가능합니다.

이러한 반응 속도의 차이는 불과 몇 초 사이에도 관계의 결과를 극적으로 뒤바꿀 수 있습니다. 그래서 전문가들은 "감정이 격해지면 숫자를 세어보라"고 조언하지요. 단지 시간을 끄는 요령이 아니라 전전두엽이 발언할 시간을 벌어주는, 신경학적으로 근거 있는 전략입니다.[102] 화날 때 "잠깐만, 내 전전두엽이 아직 회의 중이니 조금 기다려줘"라고 말해보면 어떨까요? 물론 상대방은 어리둥절하겠지만, 뇌과학적으로는 정확한 표현이니까요.

하지만 이 균형은 쉽게 깨질 수 있습니다. 지속적인 스트레스는 전전두엽의 감정 통제 기능을 약화시키고, 과거의 부정적 경험이나 트라우마는 편도체를 더욱 민감하게 만듭니다. 특히 관계에서 지속적으로 무시당하거나 비판받는 경험이 쌓이면, 편도체는 사소한 신호에도 강하게 반응해 갈등이 빈번히 발생하지요. 알코올 또한 전전두엽을 거의 마비시키다시피 합니다. 결국 우리의 관계 속 갈등은 단순히 상황의 문제가 아니라, 뇌의 미묘한 균형이 무너졌을 때 더 자주 일어납니다.

이처럼 뇌의 작동 방식에 대한 이해는 단순히 "나 지금 화났어"라는 기분보다 훨씬 깊은 통찰을 제공합니다. 상대방의 작은 행동에도 욱하는 자신을 발견한다면, 즉시 대응하기보다 속으로 숫자를 세거나 심호흡을 통해 전전두엽에게 시간을 주세요. 갈등은 피할 수 없지만, 어떻게 반응할지는 전적으로 우리의 뇌에게 달려 있습니다. 조금만 기다려주면 전전두엽은 반드시 더 현명한 해답을 제시할 것입니다.

〈4〉
감정과 착각이 뒤섞이는 관계의 혼란

사랑이라는 감정은 단순히 열정의 문제가 아닙니다. 관계가 깊어질수록 우리는 상대의 반응에 더 민감해지고, 사소한 말 한마디나 표정 하나에도 쉽게 상처받지요. 연애와 결혼 생활에서 반복되는 갈등은 흔히 '성격 차이'로 치부되지만, 그 이면에는 서로 다른 기대와 그것을 충족하지 못할 때 발생하는 좌절감, 상대의 행동을 오해하는 심리적 착각, 상처받지 않기 위한 자기 보호 전략이 복잡하게 얽혀 있습니다.

여기서는 관계 속에서 감정이 식고, 싸움이 잦아지며, 거리감이 생기는 이유를 심리학적으로 살펴봅시다. '왜 이렇게 자주 싸울까?'라는 질문의 해답은, 서로의 마음이 변했기 때문이 아니라 상대방의 마음을 바라보는 우리의 시선이 변했기 때문인지도 모릅니다.

"왜 예전 같지 않아?"

연애 초기에 우리는 상대방을 이상화(idealization)하는 경향이 있습니다.[103] 사소한 실수조차 귀여워보이고 단점마저 매력적인 개성으로 포장되지요. 그러나 이러한 이상화는 관계의 초기 단계에만 작동하는 심리적 장치일 뿐, 영원히 유지될 수는 없습니다.

시간이 지나면서 우리는 점차 상대방을 있는 그대로 보게 됩니다. '사랑의 콩깍지'가 벗겨지는 과정에서 초기 기대와 실제 모습 사이의 차이가 드러나지요. 심리학에서는 이를 인지 부조화(cognitive dissonance)라고 합니다. 이때 우리는 당황하거나 실망하며, 처음의 열정이 사라졌다고 느끼는 순간 감정의 톤도 자연스럽게 낮아집니다.

문제는 이 변화를 사랑이 식었다고 오해하기 쉽다는 점입니다. 사랑이 없어진 게 아니라 사랑의 방식이 바뀌는 단계입니다. 이상적 환상이 깨진 자리에 현실적 신뢰와 헌신이 들어설 준비가 되는 시기이기도 하죠. 그러나 이 과도기를 잘 넘기지 못하면, 감정적 거리와 반복되는 갈등이 관계를 잠식합니다.

특히 실망감이 쌓이면 과거와 현재를 비교하면서 '예전엔 안 그랬는데…'라고 자주 생각합니다. 하지만 초기의 뜨거운 관심과 현재의 무심함은 사람이 변해서가 아니라 기대의 기준이 바뀌었기 때문인 경우가 많습니다. 이 기대의 불일치를 상대방의 문제로 돌리면 서운함은 곧 비난이 되고, 비난은 정서적 단절로 이어집니다.

이러한 변화를 건강하게 통과하려면 기대가 아닌 현실에 기반한 관계 설계가 필요합니다. "왜 예전 같지 않아?"라는 질문을 "지금 우리는 어떻게 연결되어 있을까?"로 바꿔보세요. 이상화가 사라진 자리에는 현실적인 신뢰와 안정적인 친밀감이 자랄 수 있습니다. 감정의 모습은 달라지지만 관계는 오히려 더 깊고 단단해집니다.

"그 말, 무슨 뜻이야?"

연인이나 부부 사이의 갈등은 종종 사건 자체보다는 사건을 해석하는 방식에서 비롯됩니다. 문자 하나, 말투 하나, 표정 하나가 갑자기 상처로 느껴지는 이유는, 실제 상황이 변해서가 아니라 그 상황을 바라보는 내 시선이 달라졌기 때문입니다. 사람은 타인의 행동을 보면 '왜 저렇게 말했지?' '혹시 속마음은 다른가?'처럼 의도와 감정을 추측하려 합니다. 그런데 친밀한 관계일수록 오히려 이런 해석은 더 부정적으로 기울기 쉽고, 작은 오해가 커다란 갈등으로 이어지기도 합니다.[104]

감정이 식기 시작한 관계에서는 이러한 감정 해석의 오류가 더 자주 발생합니다. 상대가 예전처럼 자주 연락하지 않으면 '이제 나에게 관심이 없나?' 걱정하고, 조금 무뚝뚝한 말투에도 '화난 건 아닐까?'

예민하게 반응하지요. 심리학에서는 이를 '정서적 과잉 해석(emotional overinterpretation)'이라 하는데, 애착 불안이 높은 사람일수록 상대의 말과 행동을 거절이나 위협으로 과도하게 받아들입니다.[105]

이런 왜곡된 해석은 주로 과거의 경험이나 상처에서 비롯됩니다. 과거에 '바빠서'라는 말이 곧 관계 소홀함의 신호였던 기억이 있다면, 현재 똑같은 말을 듣고 불안해질 수 있지요. 오래된 관계일수록 과거의 감정이 현재의 대화를 압도합니다.[106] 사실보다 감정이 앞서 해석을 주도하면 갈등은 걷잡을 수 없이 커집니다. 싸움의 본질은 말 한마디 때문이 아니라, 그 말을 어떻게 이해했는가에 달려 있는 경우가 많습니다.

이를 해결하려면 먼저 내 해석이 감정에서 비롯되었는지 인식해야 합니다. '지금 내가 느낀 감정이 정말 그 사람의 의도일까?'라고 자문해 보세요. "내가 느끼는 감정이 꼭 상대의 진심은 아니다." 이 한 문장만 기억해도 수많은 오해를 막을 수 있습니다.

작은 일에도 왜 이렇게 화가 날까?

우리는 가까운 관계일수록 때때로 사소한 말 한마디나 행동에 과도하게 반응합니다. 별일 아닌 것 같은데 순간 감정이 솟구치고 말투는 날카로워집니다. 특히 피곤하거나 스트레스가 유독 많을 때, 평소 같으면 넘길 수 있는 말에도 쉽게 화가 나고 마음이 요동치지요. 몸이 지치면 마음도 함께 흔들립니다.

감정 조절은 감정을 정확히 인식하고 어떻게 해석할지 결정한 후, 적절한 반응을 선택하는 능력입니다. 그런데 이 능력은 무제한이 아닙니다. 자기 통제력은 배터리처럼 사용할수록 소진되는 자원이며, 하루 종일 억제하고 인내하며 지낸 사람일수록 저녁에 감정을 폭발하기가 쉽습니다.[11]

오랜 관계일수록 상대의 단점에 대한 내성이 약해집니다. 반복된 실망이나 쌓인 서운함은 감정을 더 예민하게 만들고, 결국 '이해'보다 '방어'가 먼저 나오는 관계 패턴을 고착하니까요. 이때 감정 조절은 개인의 능력보다는 관계에서 형성되는 분위기의 영향을 받습니다. 한 사람이 감정을 터뜨리면, 다른 사람도 공격적 반응이나 방어적 침묵으로 반응하며 악순환이 반복됩니다.

심리학에서는 이를 '정서적 감정 연쇄(emotional cascade)'라고 부릅니다.[107] 감정 하나가 다음 감정을 자극하고, 그 감정이 또 다음 반응을 이끌며 갈등이 확대되는 구조입니다. 감정 폭발은 의도적인 공격이 아니라, 감당할 수 없는 감정 에너지가 넘쳐흐른 결과일 수 있습니다. 이 감정을 제때 조절하지 않으면 작은 짜증이 하루의 기분을 망치고, 결국 관계 전반에 부정적 영향을 끼치고 맙니다.

감정 조절은 먼저 자신의 감정을 정확히 인식하는 데서 시작합니다. "지금 내가 왜 이렇게 반응하지?" 묻는 것만으로도 감정은 절반쯤 정리됩니다. 말하기 전에 한 박자 쉬는 연습, 감정이 커졌을 땐 일단 자리를 잠시 피하는 것도 훌륭한 전략입니다.

감정은 억누를 대상이 아니라 관리하고 돌볼 대상입니다. '화를 내는 건 내 선택이 아니더라도, 화를 관리하는 건 내 선택이다.' 이 생각만으로도 관계는 훨씬 원만해집니다.

일상의 작은 전쟁들

커플 갈등의 대부분은 특별한 사건이 아니라 일상의 사소한 상황에서 시작됩니다. '치킨 배달이 늦었다', '답장이 늦다', '함께 있는 시간에 폰만 본다' 같은 일들이 때로는 심각한 상처로 이어지죠. 겉으로는 하찮아 보이지만, 이런 갈등의 배경에는 감정의 누적과 해석의 패턴이 숨어 있습니다. 싸움은 사건 자체보다는 그것을 둘러싼 맥락과 해석 방식 때문에 갈등이 반복되는 것입니다.

심리학적으로 이 반복을 설명하는 핵심 개념은 '감정 스크립트(emotional script)'입니다. 과거 경험을 바탕으로 특정 상황에서 기대되는 반응을 미리 만들어두고, 똑같은 상황이 반복되면 그 대본대로 반응하는 것입니다. 예를 들어, 피곤할 때 예민해진다는 것을 아는데도 그 상황이 오면 또다시 똑같은 방식으로 갈등이 반복되지요. 이러한 반응은 단순 기억이라기보다는 감정의 자동화된 패턴에 가깝습니다.[108]

또한 반복되는 갈등은 관계 속에서 '역할 고정(fixed role)'을 강화합니다. 한 사람은 늘 참는 쪽, 다른 사람은 먼저 터뜨리는 쪽이라는 식의 역할 분담은 시간이 지날수록 굳어지고, 결국 상대를 있는 그대로 보기보다 '갈등 속에서의 모습'으로만 인식하게 됩니다. 그 결과 갈등은 단순한 의견 충돌이 아니라, 존재 자체에 대한 판단으로 확장되기 쉽습니다. "넌 원래 항상 그렇잖아"라는 말이 나오는 이유죠.[109]

이런 일상의 반복된 갈등은 결국 관계의 정서적 톤을 변질시킵니다. 사랑과 친밀감이 채우던 관계는 어느새 피로와 긴장으로 대체됩니다. 갈등 그 자체보다 갈등이 '늘 벌어지는 일'이라는 인식이 관계에 훨씬 더 깊은 상처를 남깁니다. 어느 순간부터는 문제를 해결하려 하기보다 그냥 피하거나 포기하는 냉소적 태도가 자리 잡습니다.

이런 반복 패턴에서 벗어나려면 사건보다 감정에 먼저 귀 기울여야 합니다. "지금 이 상황에서 내게 상처 준 것은 무엇일까?" "상대는 어떤 감정으로 반응했을까?"를 함께 나누세요. 감정을 이야기하면 갈등은 더는 공격이 아니라 이해를 위한 출구가 됩니다. 우리가 반복하는 갈등은, 결국 표현 못한 감정들의 신호입니다. 상대가 아니라 감정과 대화하세요.

〈5〉
사랑을 유지하기 위한 감정 조절의 기술

좋은 관계는 운이 아닌 기술입니다. 감정은 언제든 요동칠 수 있고 가까운 사이일수록 더 쉽게 상처받지요. 하지만 감정은 통제의 대상이 아니라 설계의 대상입니다.

여기서는 파트너와의 갈등을 줄이고, 더 깊은 연결을 만드는 실전 감정 조절 기술들을 소개합니다. 서로를 존중하는 태도에서부터 갈등의 순간에 적절한 거리 두기, 마음을 진정시키는 감정 일기, 관계를 회복시키는 포옹까지…… 사랑이 흔들릴 때마다 즉시 사용할 수 있는 구급상자를 마련해드립니다. 감정을 다스리는 능력은 곧 사랑을 지키는 능력입니다.

◎ 애초에 잘 골라야지! — 존경할 사람을 선택하는 기술

> "운명 같은 만남보다, 존경할 수 있는 사람을 만나라."

목표
- 외모와 설렘보다 인격과 가치관 중심으로 관계 시작하기
- 초기 판단 시 감정이 아닌 존경의 기준을 적용하기
- 장기적으로 서로 존중하며 파트너십을 유지할 사람을 분별하기

존경할 사람을 고르는 실전 매뉴얼

1. 설렘보다 가치관을 먼저 보라
→ 삶의 태도, 책임감, 인간관계를 중심으로 평가하기
→ ㉠ 어려운 상황에서 책임지는 모습, 타인에 대한 배려력 보기
  왜? — 감정은 사라져도 가치관은 변하지 않습니다.

2. 첫눈에 반한 상태라면 결정을 미루라
→ 첫 만남의 강렬한 감정이 안정될 때까지 판단 보류하기
→ ㉠ 최소 2주간 상대의 행동과 태도를 꾸준히 관찰하기
  왜? — 도파민은 눈을 가립니다. 감정이 차분해졌을 때 진짜 모습이 드러납니다.

3. 가치관을 드러내는 질문으로 필터링하라

→ 상대에게 직접 질문해 실제 반응 확인하기

→ 예 "최근 힘든 일이 생겼을 때, 어떻게 대처했어요?" / "자신의 실수에 어떻게 반응하는 편이에요?" / "마음이 안 맞는 사람과 어떻게 지내세요?"

왜? — 갈등 상황에서 사람의 진짜 모습이 나타납니다.

4. '이 사람이 내 아이의 부모라면?'이라고 생각하라

→ '이 사람이 내 아이를 키운다면?' '그가 나의 부모라면?' 구체적으로 상상하기

→ 감정의 필터 없이 인격을 보게 하는 강력한 질문

왜? — 감정의 안개가 걷히면 상대의 본질이 선명해집니다.

5. 존경 포인트를 구체적으로 기록하라

→ 단순히 "좋다" 대신, '이 행동이 존경스럽다'는 근거를 3가지 이상 기록하기

→ 예 책임감, 감정 조절력, 일관된 삶의 태도 등

왜? — 구체적인 존경이 있는 관계는 흔들리지 않습니다.

- 존경은 외모보다 오래갑니다.
- 처음부터 존중할 수 있는 사람을 선택하는 것이 최고의 감정 관리입니다.

◎ 말투만 바꿔도 감정이 바뀐다 — 존댓말 작전

"존댓말은 존중의 언어이자 감정을 멈추는 브레이크입니다."

목표

- 갈등 상황에서 감정 폭발을 막고 대화의 온도를 낮추기
- 말투 변화로 뇌에 '패턴 인터럽트' 신호 보내기
- 존중과 거리두기를 동시에 실현해 관계의 균형 되찾기

존댓말 작전 실전 매뉴얼

1. 갈등 상황에서 '말투 전환 스위치' 켜기

→ 감정이 올라올 때 의식적으로 존댓말을 선택하기

→ 예 "그건 왜 안 했어?" 대신 "그 부분은 혹시 빠뜨리신 건가요?"

왜? — 예상치 못한 말투 변화가 뇌의 감정 회로를 순간적으로 멈추게 합니다.

2. '당신'이라는 호칭 적극 활용하기

→ '너' 대신 '당신'을 사용하여 존중과 심리적 거리감을 만들기

→ 예 "당신은 이 부분을 어떻게 생각하세요?"

왜? — 적당한 거리감은 감정의 과열을 막는 완충제입니다.

3. 어조를 낮추고 말을 천천히 하라

→ 감정이 격할 때는 평소보다 차분한 어조로 천천히 말하기

→ 예) 목소리 톤을 낮추고, 말하는 속도를 느리게 조절하기

  왜? — 어조와 속도를 바꾸면 즉각적인 감정 완화 효과가 나타납니다.

4. 존댓말 메시지로 감정부터 정리하라

→ 감정이 격한 순간 말 대신 존댓말 메시지를 써보기

→ 예) "지금은 감정이 너무 격해져서, 조금만 시간을 주시겠어요?"

  왜? — 존댓말로 표현된 글은 내용을 정제하고 감정을 진정시킵니다.

- 말투는 감정의 첫 번째 방향키입니다.
- 존댓말은 적당한 거리두기를 통해 상대를 존중하는 표현입니다.
- 관계를 지키는 가장 빠른 방법은 말투를 바꾸는 것입니다.

◎ 느슨하게 연결하라! — 홀로서기로 지키는 건강한 친밀감

"가까워지고 싶다면 때때로 떨어져야 한다."

목표

- 사랑과 자유를 동시에 지키는 관계 기술 익히기
- 지나친 의존을 줄이고 각자의 정체성을 회복하기

- '우리'보다 '나와 너'의 건강한 균형을 만들기

홀로서기 실전 매뉴얼

1. '함께하지 않는 시간' 확보하기
→ 일주일 중 일정 시간은 각자 보내기로 정하기
→ ㉠ 주 1회 각자의 취미 활동, 혼자 영화 보기
　왜? — 독립적인 시간은 감정을 정리하고 관계에 신선함을 더합니다.

2. 모든 취미를 공유하지 않아도 괜찮다
→ 상대와 다른 취미나 관심사를 유지하고 인정하기
→ ㉠ 나는 등산, 상대는 독서 식으로 각자 즐기고 나중에 이야기 나누기
　왜? — 개별 활동은 자율성을 키우고 대화에 새로운 활력을 줍니다.

3. 연인 외의 인간관계를 소중히 하라
→ 친구들과 정기적 모임이나 연락 유지하기
→ ㉠ 친구와의 주기적 만남이나 전화 통화
　왜? — 건강한 관계는 다양한 연결 속에서 균형을 찾습니다.

4. 혼자 있는 시간을 즐겨라
→ 혼자 카페 가기, 산책하기 등 자기만의 시간을 편하게 누리기
→ ㉠ 파트너 없이 하루 보내기 실험

왜? — 혼자서 편안해야 함께일 때도 안정감을 느낄 수 있습니다.

5. '우리'보다 '나의 성장'에 집중하기
→ 관계 속에서도 나만의 목표를 유지하고 성장하기
→ ㉠ 커리어, 공부, 건강 등 자기 목표 점검
　왜? — 스스로 충만할 때 사랑도 더 깊어집니다.

- 진짜 사랑은 질식시키지 않습니다.
- 각자의 정체성을 지킬 때, 관계는 오래갑니다.
- 가깝지만 자유로운 홀로서기, 바로 성숙한 친밀감입니다.

◎5초의 마법 — 말실수를 막는 가장 짧은 시간

"5초만 멈추면, 감정 폭발을 피하고 관계를 지킬 수 있습니다."

목표
- 자동적으로 튀어나오는 말을 5초만 늦추기
- 감정 폭발 전 뇌가 작동할 시간을 확보하기
- 말과 행동의 주도권을 감정이 아닌 이성에 넘겨주기

5초 멈춤 실전 매뉴얼

1. '감정 정지' 버튼 만들기

→ 짧고 강력한 자신만의 신호어 설정 (예 "잠깐!" "스탑!" "정지!")

→ 감정이 올라올 때 마음속이나 작은 목소리로 사용하기

　왜? — 순간의 신호가 자동 반응을 차단하는 스위치입니다.

2. 5초 숨쉬기로 감정 재부팅

→ 천천히 숨을 쉬며 마음속으로 5까지 숫자 세기

→ 말하지 않고 호흡과 몸 상태에만 집중하기

　왜? — 전전두엽이 감정 조절에 개입하려면 최소 5초가 필요합니다.

3. '지금 이 말, 정말 필요해?' 질문하기

→ 5초 후 자신에게 질문. "이 말을 하면 관계가 나아질까?"

→ 꼭 필요한 말인지, 충동적인 건 아닌지 점검하기

　왜? — 멈추고 질문하면 선택의 자유가 생깁니다.

4. 잠깐의 공간 분리하기

→ 격해진 상황에서 잠시 다른 공간으로 이동 (예 "잠깐 물 좀 마시고 올게요.")

→ 창문 보기, 화장실 가기 등으로 환경 전환하기

　왜? — 물리적 거리는 감정의 거리를 만들어 재조정 기회를 줍니다.

5. 다시 대화 전, 감정 온도 체크하기

→ 현재 감정을 숫자로 표현하기 (예: "지금 분노는 7이니까 좀 더 식히자.")

→ 충분히 낮아졌는지 스스로 확인한 후 대화 재개하기

왜? — 숫자로 감정을 표현하면 객관적 판단이 가능해집니다.

- 감정은 5초를 기다리지 않지만, 이성은 5초가 필요합니다.
- 단 5초의 멈춤이 평화로운 관계를 만듭니다.
- 먼저 숨을 고르는 사람이 결국 관계를 지킵니다.

◎ 포옹 타임 — 말보다 먼저 닿는 감정의 언어

"때로는 대화보다 포옹이, 사과보다 온기가 먼저입니다."

목표

- 말없이 신뢰를 회복하는 신체 접촉 익히기
- 갈등 상황에서 뇌의 안정화 호르몬(옥시토신) 활성화하기
- 말보다 몸이 먼저 화해의 신호를 보내는 기술 습득하기

포옹 타임 실전 매뉴얼

1. 갈등 후 바로, 20초 포옹

→ 말다툼 직후 "지금 우리, 감정 좀 식히게 잠깐 안아볼까?" 제안

→ 최소 20초 동안 아무 말 없이 조용히 안아주기

왜? — 20초 포옹은 코르티솔을 낮추고 옥시토신을 높여 뇌를 진정시킵니다.

2. 말없이 손을 잡거나 어깨 기대기

→ 포옹이 어렵다면 손잡기, 어깨에 기대기 등 작은 접촉으로 대신하기

→ 침묵 속에서도 신체 접촉을 유지해 마음을 전달하기

왜? — 몸의 언어는 말이 어려울 때도 신뢰와 애착을 전달합니다.

3. 나란히 앉아 같은 방향 보기

→ 서로 마주 보지 않고 나란히 앉아 산책하거나 같은 곳을 바라보기

→ "잠깐 산책할래?" "함께 바람 좀 쐴까?" 제안하기

왜? — 같은 방향을 보면 뇌는 서로를 같은 편으로 인식하여 긴장을 완화합니다.

4. 우리만의 '포옹 사인' 정하기

→ 미리 둘만의 신호를 정해 위기 상황에서 말없이 포옹 요청하기

→ 손바닥을 내밀거나 팔을 벌리는 등 간단한 몸짓으로 표현하기

왜? — 말이 어려운 순간에도 몸짓 하나로 감정을 즉각적으로 회복할 수

있습니다.

5. 포옹 후 짧게 마음 전하기

→ 포옹 직후 간단히 감정을 표현하기 (예 "고마워, 마음이 좀 편해졌어.")

→ 길지 않아도 좋으니 연결감을 확인하는 말 덧붙이기

　왜? — 긍정적인 한마디가 신체적 접촉의 회복력을 더욱 견고하게 합니다.

- 포옹은 말보다 빠르게 뇌를 진정시킵니다.
- 말이 길어질수록 손길을 먼저 내미세요.
- 가장 강력한 화해는 말이 아니라 닿는 순간 완성됩니다.

〈6〉
다투면서도 오래 가는 이들의 비밀

사랑하는 사람과 가장 자주, 치열하게 싸우는 이유는 가장 가까이 있기 때문입니다. 연애와 결혼이란 갈등 없는 완벽한 평화가 아니라, 상처를 주고받아도 다시 서로에게 다가서는 법을 배우는 과정이지요.

감정이 격해지면 우리의 뇌는 연인을 적으로 착각해버려, 방어와 공격의 악순환에 빠집니다. 그런데 싸움 이후에도 서로를 놓지 않은 커플들은 어떻게 그 위기의 순간을 넘어섰을까요? 작지만 뇌과학적으로 입증된 현실적이고 따뜻한 회복의 전략들을, 실제 커플들의 생생한 이야기를 통해 살펴봅시다.

치킨 한 마리에 숨겨진 갈등

하늘과 수연은 3년째 연애 중인 커플이다. 평소엔 다정하고 사이 좋은 둘은 유독 금요일 저녁만 되면 사소한 말다툼이 잦았다. 그 날도 퇴근 후 집에서 치킨을 시켜 먹기로 했는데, 배달이 예정 시간보다 40분 늦어지면서 분위기가 삐걱거리기 시작했다. 하늘은 "조금만 빨리 시켰으면 벌써 먹고 있었을 텐데" 불만을 내비쳤고 수연도 지지 않고 "나도 배고프다고 했잖아"라며 날카롭게 받아쳤다. 배고픔과 피로가 겹치면서 두 사람 모두 편도체가 과민하게 작동해 감정의 브레이크가 풀린 상태였다.

그러나 이번에는 조금 달랐다. 하늘은 최근 들은 감정 조절 팟캐스트의 내용을 떠올렸다. '상대방을 공격하고 싶어질 때, 잠시 숨을 고르고 말투를 바꿔보라'는 조언이었다. 하늘은 말을 멈춘 뒤 깊게 숨을 들이쉬고 존댓말로 말투를 바꿨다. "당신, 많이 배고프서서 힘드신가 봐요. 저도 좀 예민했네요. 죄송해요." 갑작스런 말투 전환에 수연은 처음엔 당황하고 어색해했지만 곧 "응, 나도 좀 그랬던 것 같아… 미안해"라며 사과했다.

이후 두 사람은 나란히 앉아 배달 앱을 확인하며 기다렸다. "이 집 원래 이렇게 느렸나?" "우리 싸우게 만들려고 일부러 늦게 오는 거 아냐?" 농담을 주고받으며 긴장을 풀었다. 마침내 도착한 치킨 앞에서는 금방이라도 언성이 높아졌던 이전 상황이 무색할 만큼 자연스러운 웃음이 흘렀다. 단지 치킨 배달 지연이었지만 그 속에는 각자의 피로, 배고픔, 감정적 민감함이 얽혀 있었다.

 그날 밤, 하늘은 감정의 방향을 바꾸는 데 필요한 건 큰 변화가 아니라는 사실을 느꼈다. 극적인 고백이나 화해가 아니라 단 5초의 멈춤과 말투의 전환만으로도 충분하다는 걸 깨달았다. 이 짧은 시간 동안 편도체는 진정되었고 전전두엽이 감정의 주도권을 되찾은 것이다. 수연 역시 그날 이후로 갈등이 생길 때 먼저 상대방의 상태를 떠올리려고 노력했다. 싸움을 막는 건 정답을 말하는 기술이 아니라, 먼저 진심을 표현하는 작은 여유였다.

 이 작은 사건은, 갈등은 피할 수 없는 것이지만 방향은 선택할 수 있다는 점을 보여준다. 때로 관계를 지키는 데 필요한 건 긴 대화도, 완벽한 해결책도 아닌, 단 몇 초의 자기 조절과 따뜻한 표현이다.

주말마다 반복되던 갈등

민재와 나영은 결혼 7년 차 부부다. 평일엔 바쁘게 각자의 업무에 몰두하지만, 주말만 되면 늘 갈등이 반복됐다. 민재는 "주말엔

집에서 푹 쉬자"는 반면, 나영은 "밖에 나가서 기분 전환 좀 하자"며 집에만 있는 걸 답답해했다. 이번 주말에도 똑같은 상황이 벌어졌다. 민재가 "이번 주는 좀 쉬자"고 말하자 나영은 "또 집이야? 정말 답답해 죽겠어!"라며 목소리를 높였다.

이전 같으면 "만날 너 하고 싶은 대로만 하잖아! 나는 집에 좀 있고 싶은데 왜 강요해?" 같은 말이 오갔겠지만 이번엔 달랐다. 민재는 최근 꾸준히 작성하던 감정 일기를 떠올렸다. 일기를 통해 그는 자신이 내향적 성향이라는 사실, 그리고 나영의 제안을 거절할 때 느끼는 죄책감과 비판받는 것에 대한 두려움을 인식했다.

민재는 숨을 한번 고른 후 전과 다른 방식으로 대화를 시도했다. "당신, 나가고 싶구나? 나는 오늘 좀 피곤해서 그러는데… 내가 오전에 좀 쉬고 저녁에 같이 외출하면 어때?" 먼저 상대의 욕구를 인정하고 자신의 욕구를 부드럽게 표현한 것이다. 민재의 말투와 태도가 바뀌자 나영도 전처럼 감정적으로 반응하지 않았다. "알았어, 넌 좀 쉬어. 나는 조깅 다녀올게. 저녁에 영화 보러 갈까?"라고 자연스럽게 제안이 이어졌다.

그날 저녁, 두 사람은 오랜만에 데이트 분위기를 느끼며 영화를 봤고, 늦은 저녁엔 단골 식당에서 식사를 함께했다. 갈등의 구조는 그대로였지만, 접근 방식이 달라지자 결과도 완전히 달라졌다. 자신의 감정을 미리 인식하고 상대의 입장을 존중하며 부드럽게 협상을 시도한 덕분이었다.

이 경험을 통해 민재는 갈등을 회피하지 않고 건강한 방식으로 맞서야 관계를 지킬 수 있음을 체감했다. 갈등의 뿌리는 종종 욕구의 차이보다, 그 차이를 어떻게 표현하고 수용하느냐에 달려 있다. 민재와 나영은 서로를 바꾸려 하기보다 이해하려는 대화로 주말을 새롭게 설계해 나가고 있다.

생일 선물에 담긴 마음

지현과 수완은 사귄 지 2년 된 연인이었다. 평소에도 작은 일에 감정이 엇갈릴 때가 종종 있었지만, 이번 생일에는 예상하지 못한 갈등이 터졌다. 수완이 지현의 생일 선물로 "고르기 어렵다"며 현금을 준 것이다. 지현은 웃으며 받았지만 그날 저녁 아무 말 없이 집으로 돌아가버렸고, 이후 연락이 잘 되지 않았다.

당황한 수완은 처음엔 '왜 그러지? 난 실용적으로 생각한 건데…'라고 속으로 중얼거렸다. 하지만 곧 며칠 전 함께 들었던 연애 심리 팟캐스트가 떠올랐다. 갈등 상황에서 바로 반응하지 말고, 질문으로 마음을 열라는 내용이었다. 잠시 고민한 뒤, 수

완은 다시 연락해 조심스럽게 물었다. "혹시 선물 때문에 속상했어? 나 그 상황을 잘 몰랐던 것 같아. 이야기해줄 수 있어?"

지현은 망설이다가 결국 진심을 꺼냈다. 어릴 적 생일마다 부모님이 늘 바쁘다는 이유로 현금만 건네줬고, 그때마다 마음 한편이 텅 비었다는 기억이 아직 남아 있었다. 지현에게 생일 선물은 단순한 물건이 아니라 '나를 위해 쓴 시간과 관심의 증거'였다. 수완은 그 이야기를 듣고 깊이 반성했다. "몰랐어. 네 마음까지 헤아리지 못해서 정말 미안해. 다음 생일엔 꼭, 우리가 함께 고르는 걸로 하자."

이후 두 사람은 함께 쇼핑을 하며 지현이 오래 갖고 싶어 했던 작은 피아노 모형을 골랐다. 선물 자체보다 함께 보낸 시간이 지현에게 더 큰 위로였고, 수완 역시 상대의 기억 속 상처를 이해하고 돌볼 수 있었다. 물건은 사라져도 서로의 마음을 살피고 이해하는 대화는 오래 남는다.

⟨7⟩
사랑이라는 춤, 뇌라는 무대

◐

이 장을 마무리하며 다시 질문을 던집니다. "사랑이란 도대체 무엇일까?" 철학자들은 저마다의 시선으로 사랑을 정의했습니다. 어떤 이는 영혼의 끌림, 또 다른 이는 생존 본능이라 했습니다. 현대의 뇌과학은 도파민과 옥시토신, 전전두엽과 편도체의 협주곡 속에서 사랑의 기제를 설명합니다. 그런데 그 모든 설명을 듣고 나서도 여전히 사랑은 알 것 같으면서도 알 수 없는 미스터리 같습니다.

어쩌면 사랑은 단일한 정의로 환원할 수 없는, 이성적 이해와 감정적 실존이 교차하는 인간 경험 그 자체일지도 모릅니다. 철학과 과학, 감정과 본능이 모두 조금씩 그 진실에 닿아 있지만, 아무도 완전히 도달하지 못한 채 우리는 각자의 방식으로 사랑을 배워가고 있겠지요. 결국 사랑은 설명하기보다 살아내야 하는 감정입니다.

관계의 변화는 자연스럽고 필연적입니다. 초기의 열정에서 더 깊고 평온한 결합으로의 전환은 실패가 아니라 성숙의 과정이지요. 쇼펜하우어가 '자연의 속임수'라고 말한 것을 우리는 '사랑의 진화'로 재해석할 수 있습니다.

사랑은 마치 계절처럼 흐릅니다. 초기의 열정은 봄처럼 눈부시고 신선하지만 그 계절은 오래 머무르지 않아요. 여름이 오고 가을, 겨울이 오듯 사랑도 안정(여름), 도전과 성숙(가을), 재평가와 재생(겨울)의 시기를 겪습니다. 문제는 계절이 바뀌는 것이 아니라, 그 변화를 어떻게 받아들이고 살아내느냐에 달려 있습니다. 짧은 봄을 영원히 붙잡으려 애쓰는 대신 겨울에도 따뜻한 불씨를 지키는 법을 배우는 것, 이거야말로 진정한 사랑 아닐까요.

이런 이해를 바탕으로 우리는 실용적인 전략들을 함께 나눴습니다. 존댓말 전환, 느슨히 연결하기, 5초 멈춤법, 포옹 요법 등은 모두 뇌과학적 이해 위에 놓인 작지만 강력한 행동들입니다.

사랑이 복잡한 춤이라면 우리의 뇌는 그 춤을 추는 댄서입니다. 도파민은 격정적인 탱고를, 옥시토신은 부드러운 왈츠를, 세로토닌은 편안한 블루스를 이끌고 편도체와 전전두엽은 감정과 이성의 스텝을 조율하려 노력하지요. 이제 우리는 이 춤의 리듬을 이해했습니다. 때론 음악에 몸을 맡기고 가끔은 의식적으로 스텝을 바꾸면서, 완벽하지 않아도 서로의 손을 놓지 않고 끝까지 춤추는 법을 배우고 있습니다.

이제 마지막으로, 당신에게 조용히 묻습니다. 당신에게 사랑은 무엇인가요? 그 답을 찾는 순간, 당신의 춤은 한층 더 아름다워질 것입니다. 중요한 건 첫걸음도, 완벽한 마지막 스텝도 아닙니다. 넘어져도 다시 잡아주는 손, 함께 춤을 이어가려는 용기와 마음입니다.

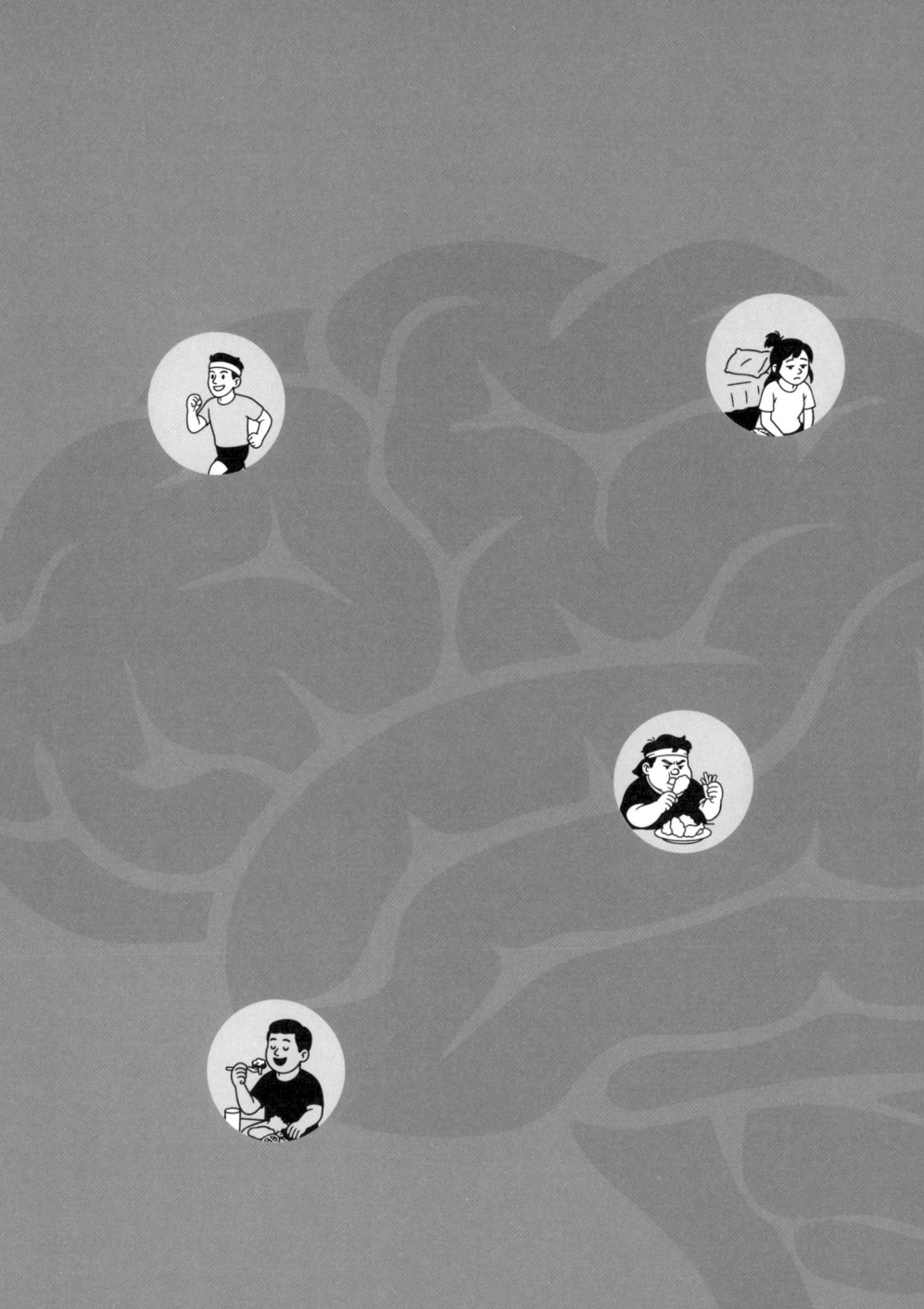

6장

자녀는 왜
뜻대로 자라지 않을까?

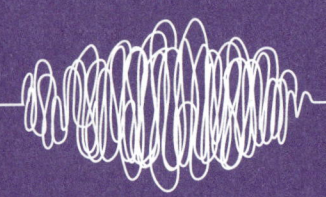

〈1〉
아이는 부모의 두 번째 인생이 아니다

"우리 애가 영재센터 합격했어요!"는 정말 '우리 애'의 성취일까요, 아니면 '우리 부모'의 트로피일까요? 합격증 사진을 인스타그램에 올리며 #자랑스런우리아들 해시태그를 다는 순간, 이미 아이의 성취가 아니라 부모 자신의 전시품이 됩니다. 마치 '내 인생 2.0: 이번엔 실패하지 않겠어!' 프로젝트의 결과물처럼요.

부모라면 누구나 "이 아이는 내 소유물"이라는 환상에 빠지기 쉽습니다. 내 DNA가 들어 있고 내가 키우니까 당연히 내 작품처럼 느껴지죠. 그러나 플라톤부터 니체까지 수많은 철학자들은 한결같이 경고했습니다. "아이는 독립된 존재이지 당신 인생의 재시도나 미니미가 아니다." 하지만 현실 육아에선 이런 깨달음이 무시됩니다. "얘야, 넌 독립된 인격체란다… 근데 서울대 의대는 가야 해. 피아노도 하루 두 시간은 연습해야지"라는 모순에 쉽게 빠집니다. 이 모순은 부모의 뇌 깊은 곳에 각인된 욕구입니다.

대한민국의 교육 현실은 이런 소유적 시각의 극단입니다. 학원 버스에 실려 이리저리 다니는 아이들, 입시 정보를 모으며 자기 인생은 포기한 부모들. 시험 기간이면 아이보다 더 긴장하는 엄마, 중간고사 결과에 더 좌절하는 아빠. "우리 애가 시험 봐요"가 아니라 "우리 가족이 시험 봐요"가 되어버린 모습. 자녀의 일류대 합격은 부모의 15년 투자에 대한 성과 보고서처럼 느껴지기 때문입니다.

문제는 이러한 부모의 욕구가 아이의 잠재력과 충돌할 때입니다. 참나무 씨앗에게 "왜 벚나무가 되지 못해?"라고 묻는 꼴이죠. 강요된 목표는 아이의 내재적 동기를 갉아먹고, 결국 "공부하기 싫어!"라는 반항을 부릅니다. 최악의 경우 아이가 심각한 정신 건강 문제를 겪기도 합니다.

플라톤부터 현대 뇌과학까지, 고대의 지혜와 현대의 과학을 융합해 진짜 육아 전략을 알아봅시다. '내 자녀=내 소유'라는 본능을 완전히 극복하기는 어렵겠지만, '이게 아이의 성취인가, 내가 원했던 성취인가?'를 고민하도록 도울 것입니다. 부모인 우리가 진정 아이에게 바라는 것은 무엇인가요? 전교 일등이나 명문대 합격인가요 아니면 아이가 스스로 행복을 찾는 능력인가요?

〈2〉
양육을 바라보는 철학적 관점

육아는 기술이나 방법론이 아니라 인간의 본성을 깊이 이해하고 탐구하는 철학의 영역입니다. 아이가 울고 웃고 질문하는 매 순간, 부모는 '이 아이를 어떤 사람으로 키울 것인가?'라는 근본적인 물음 앞에 서게 됩니다. 플라톤부터 루소까지, 철학자들은 시대를 초월해 육아와 인간 교육에 대한 다양한 통찰을 전해왔습니다. 아이를 바꾸려 하기보다, 아이를 바라보는 부모의 관점을 먼저 바꾸도록 도와줄 철학자들의 깊고 새로운 시선을 소개합니다.

교육은 아이 안의 보물을 꺼내는 일이다 — 플라톤

플라톤에게 교육자는 일종의 산파였습니다. "씨앗아, 움터라!" 하면서 아이 안에 이미 있는 지식과 잠재력을 끄집어내는 조력자죠. 그가 본 아이들은 빈 그릇이 아니라 이미 보물을 품은 상자 같은 존재였습니다.

플라톤이라면 '아이 머릿속에 지식을 쑤셔 넣는' 오늘날 교육을 보며 고개를 저었을 겁니다. "아니, 아이는 이미 지식을 가지고 있어요. 당신은 그저 그것을 끌어내는 산파일 뿐입니다!" 사실 우리도 플라톤이 옳다는 것을 경험적으로 알고 있습니다. 무언가를 억지로 가르칠 때와 아이 스스로 관심을 보일 때의 학습 효과 차이는 하늘과 땅 아닌가요? "영어 단어 50개 외워!" 강요했을 때보다, 좋아하는 팝송의 가사를 알고 싶어 스스로 찾아볼 때 훨씬 더 많은 단어를 배우듯 말입니다.

《메논》에서 소크라테스는 수학도 모르는 노예 소년에게 질문만으로 피타고라스 정리를 '발견'하게 했습니다. 현대로 치면 "내가 가르쳤더니 우리 애가 수학 천재가 됐어요"가 아니라 "우리 애가 원래 수학적 직관이 있었네요"라는 접근법이죠. 지식은 외부에서 주입되는 게 아니라, 아이 안에서 스스로 깨어나는 것이라는 믿음입니다.

부모는 '설명자'가 아니라 아이의 질문과 호기심을 함께 탐험하는 '동반자'여야 합니다. 아이는 수동적인 학습 기계가 아니라 능동적인 의미 생성자입니다. "왜?"라고 묻는 순간부터, 아이는 이미 철학자가 됩니다. 플라톤은 바로 그 지점을 교육의 출발점으로 보았지요.

교육은 아이가 스스로 익는 시간을 기다리는 일이다 — 루소

루소는 교육계의 첫 '자연 그대로의 자유로운 육아' 지지자였습니다. 아이를 '작은 어른' 취급하던 시대에 그는 "아이는 아이답게 자랄 권리가 있다"며 교육의 초점을 어른의 욕망이 아니라 아이의 본성에 맞춰야 한다고 주장했습니다.

18세기의 루소가 현대 한국의 교육 현실을 보면 기절할지도 모릅니다. "뭐라고요? 36개월 아기에게 영어를 가르친다고요? 5살짜리가 학원 세 군데를 다닌다고요? 8살 아이에게 미적분을 가르친다고요?" 루소에게 이런 상황은 강아지에게 자전거 타는 법을 가르치려는 것만큼이나 부자연스러운 일입니다. 아이의 발달 단계에 맞지 않는 교육은 그저 비효율적인 게 아니라 매우 해로울 수 있다고 그는 경고할 거예요.

그는 대표 저서 《에밀》에서 교사는 적극적으로 지식을 주입하기보다는, 이이 스스로 경험하며 깨닫도록 옆에서 지켜봐야 한다는 '소극적 교육'을 제안합니다. "아이들을 빨리 익게 하려고 온실에 가두지 마세요. 자연 속에서 충분히 놀고 배우게 하세요. 진정한 배움은 거기서 시작됩니다." 루소의 이 메시지는, 오늘날 뇌과학자들의 '놀이는 곧 학습'이라는 발견과 놀랍도록 일치합니다. 300년 전 그는 이미 알고 있었던 거죠!

아직 신발끈도 혼자 못 묶는 아이에게 시험지를 내밀기보다는, 들판을 달리고 강가를 뛰놀게 하라고 말했을 겁니다. 오늘날 우리 상황에 빗대면 "영어 유치원보다 놀이터가 더 아이를 창의적이고 건강하게 만든다"는 주장입니다.

만약 루소가 현대 학부모에게 조언한다면 이렇게 말할 겁니다. "아이를 앞서 끌고 가지 마세요. 함께 옆에서 걸어주되, 주위를 충분히 탐색하고 자기 리듬대로 성장할 수 있도록 기다려주세요." 그에게 교육은 효율이 아니라 여백의 예술이었고, 성장의 주도권은 아이에게 있어야 했습니다. 기다림은 게으름이 아니라 아이를 향한 깊은 믿음의 표현입니다.

육아는 아이 안의 도덕성을 깨우는 일이다 — 칸트

칸트는 육아의 진정한 목표는 부모 없이도 올바른 선택을 할 수 있는 아이로 키우는 것이라고 봤습니다. 그가 지금 살아 있다면 "내 말 안 들으면 아이패드 압수야!"보다는 "그 행동이 모든 사람에게도 똑같이 허용될 수 있을지 생각해볼래?"라고 말했을 겁니다.

아이들의 "왜?"라는 질문에 "그냥"이라고 대답하는 현대 부모들을 보면 칸트는 철학적 심장마비를 일으켰을지도 모릅니다. "그냥이라니요! 합리적 존재인 아이에게 이유를 설명하지 않다니요? 그건 아이를 목적이 아닌 수단으로 취급하는 겁니다!"

칸트의 관점에서, 아이가 규칙을 따르는 이유가 "엄마가 무서워서"가 아니라 "그것이 옳다고 스스로 판단했기 때문"이어야만 진정한 도덕적 행동입니다. "숙제 안 하면 게임 못 해!"보다는 "숙제를 하는 것이 누구에게나 옳은 일이라고 생각하는 이유가 뭘까?"라는 질문이 그다운 접근법이죠. 물론 칸트는 자녀가 없었기 때문에, 피곤한 월요일 아침 8시에 이런 철학적 대화를 나누는 것이 얼마나 비현실적인지 몰랐겠지만요.

그는 부모가 너무 엄하면 아이는 노예가 되고, 너무 방임하면 폭군이 된다고 경고했죠. 현대 부모들의 영원한 딜레마를 미리 꿰뚫어 본 것 같습니다. 그에게 부모란 규율과 자유 사이에서 아이가 스스로 생각하고 결정하는 힘을 기르도록 균형을 잡아주는 '이성의 조율자'에 가까운 존재입니다.

칸트가 오늘날 육아서를 집필한다면 그 제목은 아마 《아이도 한 사람의 이성적 주체입니다》일 것입니다. 아이는 선택의 주체가 되는 경험을 통해 자율성과 책임감을 키워야 하며, 부모는 그 과정에서 '통제자가 아닌 '도덕적 안내자'가 되어야 한다고 보았습니다. 칸트식 육아의 핵심은 아이 스스로 "나의 행동이 보편적으로 옳은가? 나는 왜 이렇게 행동하는가?"를 묻고 답할 수 있도록 돕는 것입니다.

아이의 충동은 억제할 게 아니라 방향을 바꿔줄 자원이다 — 니체

니체는 아이의 충동을 억누르기보다 창조적으로 활용하라고 조언했습니다. 오늘로 치면 "게임만 하는 아이? 프로게이머의 잠재력이 있네요!"라고 볼 수 있지요.

오늘날 부모들이 "우리 애 혹시 ADHD 아닐까요?" 걱정하는 모습을 보면 니체는 이렇게 반문할 겁니다. "과잉 활동이 아니라 넘치는 생명력 아닐까요? 집중력 부족이 아니라 다양한 관심사의 표현 아닐까요?" 그리고 아이의 '문제적' 행동이나 관심사를 없애려 하기보다, 그것을 창조적으로 변형시키는 방법을 찾으라고 조언할 것입니다. 아이의 넘치는 충동은 제거의 대상이 아니라 창조의 재료라고요.

"매일 6시간 게임만 하는 아이? 훌륭해요! 그 열정을 게임 디자인이나 프로그래밍으로 연결시켜 보세요!" "수업 시간에 창밖만 보는 아이? 어쩌면 위대한 자연 관찰자나 생태학자의 자질이 있을지도 모릅니다!" 니체라면 아이의 '약점'을 '강점'으로 재해석하는 데 천재적인 능력을 발휘할 거예요.

그의 '초인' 개념은 남들과 똑같아지는 것이 아니라, 자신만의 독특한 잠재력을 최대로 발휘하는 것입니다. 요즘 말로 하면 "남들 다 의대 간다고 우리 애도 거기 보낼 필요는 없어"라는 철학입니다. 니체는 아이가 세상과 부딪히며 스스로 고유한 길을 만들어가는 과정을 '위대한 도전'으로 보았습니다. 삶을 견디는 법을 배우는 것이 아니라, 삶을 창조하는 법을 배우는 것이야말로 진짜 교육이라고 생각했지요. 부모의 역할은 그 창조적 모험에 용기를 북돋아 주고 필요한 자원을 아낌없이 지원하는 든든한 동반자에 가깝습니다.

삶 속에서 배우는 아이가 진짜 배운다 — 존 듀이

듀이는 "교육은 삶을 위한 준비가 아니라, 삶 그 자체"라고 선언했습니다. 현대 버전으로는 "입시를 위한 12년 고통보다 실제 경험이 중요하다"는 말이 되겠네요.

듀이가 오늘날의 입시 중심 교육을 본다면 이렇게 비판할 겁니다. "잠깐, 아이들이 12년 동안 '진짜 삶'을 준비하기 위해 교실에 갇혀 있다고요? 그건 마치 수영을 배우기 위해 물에 들어가지 않고 12년 동안 수영 이론만 공부하는 것과 같습니다!" 듀이에게 진정한 학습은 실제 경험과 문제 해결 과정에서 이루어집니다. "교과서 20페이지 다 외워와"보다는 "이번 주말에 가족과 함께 과학 박물관에 가서 실제 화석을 관찰해보자"라는 접근이 더 효과적이라고 하겠지요.

물론 이런 '경험 중심' 교육은 입시에서 즉각적 결과를 보장하지 않을 수 있지만, 장기적으로는 훨씬 더 깊은 이해와 적용 능력을 길러준다는 게 듀이의 주장입니다. 'A⁺ 받는 법'보다 '스스로 문제를 발견하고 해결하는 법'을 배워야 한다고요.

그가 강조하는 '행함으로써 배움(learning by doing)'은 "이론 백 번 공부하는 것보다 직접 한 번 해보는 것이 낫다"는 우리 할머니의 지혜와도 통합니다. 아이의 손과 발이 움직이는 순간, 뇌와 마음도 함께 성장한다고 듀이는 믿었습니다. 특히 아이들이 활동 후 자신의 경험을 돌아보며 배움을 얻는 '반성적 사고(reflective thinking)'를 중요하게 여겼지요.

그래서 듀이식 교육은 아이가 직접 만들고, 실패하고, 다시 시도하는 실험의 장을 만들어주는 것이 핵심입니다. 레고로 도시를 만들고, 텃밭을 가꾸고, 친구들과 의견을 교환하며 갈등을 해결하는 토론을 통해 부딪히며 배우는 그런 교육이지요. 듀이의 철학은 한마디로 이렇습니다. "학교는 인생의 리허설장이 아니라 무대 그 자체다."

〈3〉
공사 중인 아이의 뇌를 이해하라

갑자기 방문을 쾅 닫고 들어가거나, 조금 전까지 웃던 얼굴로 갑자기 울음을 터뜨리는 아이를 볼 때, 부모는 당황합니다. '대체 얘 머릿속에 무슨 일이 일어난 걸까?' 의심스럽죠. 아이를 이해하는 가장 강력한 열쇠는 바로 '그 아이의 뇌' 안에 있습니다.

우리가 흔히 '반항', '집중력 부족', '감정 기복'이라고 부르는 아이의 문제적 행동은 미성숙한 뇌가 보내는 자연스러운 성장 신호일지 몰라요. 성장기 아이의 뇌 속에서 벌어지는 신기한 일들을 살펴보며, '말 안 듣는 아이라는 편견에서 벗어나 '아직 배우고 성장 중인 뇌'를 이해하고 도와주는 방법을 찾아봅시다.

아이는 부모를 비추는 작은 거울이다 — 뇌 속의 거울 뉴런

부모가 아이에게 가장 먼저 가르치는 언어는 말이 아니라 표정과 분위기입니다. 아이는 "이걸 해"라는 말보다 "이렇게 느껴"라는 분위기를 먼저 읽어냅니다. 이 놀라운 능력 뒤에는 뇌 속에 존재하는 거울 뉴런 시스템이라는 회로가 숨어 있지요. 이 시스템은 타인의 행동을 '보는 것만으로도' 마치 자신이 직접 행동한 것처럼 뇌를 활성화시키는 기능입니다. 즉, 아이는 부모의 행동을 '설명'보다 '관찰'을 통해 배우는 존재입니다.[110]

부모가 화가 나서 인상을 찌푸리거나 짜증 섞인 말투로 말할 때, 아이의 뇌는 그것을 단지 듣는 것이 아니라 느끼고 복사하는 중입니다. 아이는 '화낼 때는 이렇게 말해야 해'라고 생각하지 않아요. 단지 뇌 속 거울 뉴런이 부모의 반응을 복제하고, 그걸 자기 방식의 감정 표현법으로 학습할 뿐입니다. 이 시스템은 아이가 공감, 감정 조절, 사회적 관계를 배워가는 핵심 통로입니다. 아이의 정서는 부모의 감정 습관을 거울처럼 반영하며 자라납니다.

이런 점에서 육아는 '교육'이기보다 '공명'입니다. 부모가 불안하면 아이도 불안해지고, 부모가 평온하면 아이도 안정감을 느낍니다. 부모가 불안해서 자주 한숨을 쉬거나 안절부절못하면 아이의 뇌 역시 초조함을 흡수합니다. 반대로 부모가 차분한 표정으로 안아줄 때, 아이의 뇌는 따뜻한 이불을 덮은 듯한 편안함을 느낍니다. 마치 같은 방에 놓인 두 대의 피아노가 한쪽에서 울리는 소리에 다른 한쪽도 진동하며 울리듯, 뇌도 함께 공명하지요. 특히 영유아기 아이의 거울 뉴런 시스템은 매우 민감해서 엄마의 눈빛 하나, 아빠의 말투 한 마디가 평생의 감정 회로를 설계할 수 있습니다. "아이에게 공감을 가르치고 싶다면 공감을 '보여주라'"는 말은 뇌과학적으로도 매우 정확한 조언입니다.

부정적인 표현, 무관심, 반복되는 비난은 아이의 거울 뉴런을 통해 그대로 복사되어 자신에 대한 이미지와 감정 표현 습관으로 굳어질 수 있습니다. 반대로, 따뜻한 말투와 공감적인 반응은 아이에게도 감정 조절과 공감 능력의 토양을 조성합니다. 결국 우리가 아이에게 남기는 가장 깊은 흔적은 말이 아니라 느낌이며, 그 느낌은 아이의 뇌 구조에 각인됩니다. "왜 이렇게 따라 해?"라는 말이 들릴 때마다, 그건 단지 '모방'이 아니라 '신경 발달'이라는 사실을 기억하세요.

그래서 육아는 "무엇을 말해주었는가?"보다 "내가 어떤 모습이었는가?"라는 질문으로 돌아가야 합니다. 거울 뉴런은 아이가 보고 듣는 모든 것을 '입력'으로 받아들이기에, 부모는 아이 앞에서 항상 무대 위의 배우와 같습니다. 그러나 이 연기는 가짜여서는 안 됩니다. 진짜 감정을 다룰 수 있는 법, 다정하면서도 경계할 줄 아는 태도, 실수했을 때 사과할 수 있는 어른의 모습. 이 모든 것이 아이의 뇌에 '이렇게 하는 것이구나'라는 회로를 심어줍니다. 아이는 우리를 통해 인간이 되는 법을 배웁니다.

칭찬에 춤추고, 알림에 흔들리는 도파민

도파민은 아이 뇌의 "와, 좋아!" 신호예요. 원래는 생존에 필수적인 활동, 그러니까 배고플 때 열매를 찾거나 친구와 어울리며 사회적 유대를 쌓는 데 동기를 부여했죠. 하지만 현대의 아이들은 과거와 달리 '빠르고 강렬한 자극'에 도파민 시스템을 빼앗기기 쉬운 환경에 놓여 있습니다. 스마트폰, 게임, 소셜미디어의 자극은 자연적인 보상보다 훨씬 더 강렬하고 즉각적인 "좋아!"를 제공하니까요. 아이가 숙제를 두고 게임을 선택하는 이유도 그래서입니다.

아이들의 뇌는 특히 도파민에 민감해요. 청소년기에 도파민 수용체가 최고조에 달하면서, 새롭고 자극적인 경험을 찾는 본능이 강해집니다. 진화적으로는 "집을 떠나 세상을 탐험하라"는 신호였지만, 오늘날 그 탐험 본능은 틱톡의 무한 스크롤이나 게임의 레벨업처럼 즉각적이고 반복적인 디지털 자극으로 대체됩니다. 부모 입장에서는 '왜 이렇게 자극적인 것만 찾지?' 걱정스럽지만 아이 뇌에게는 자연스러운 성장의 신호예요.[111]

문제는 이런 충동이 과도하게 자극될 때 나타납니다. 스마트폰과

게임은 도파민을 폭격하듯 자극합니다. 쇼츠나 릴스 같은 빠르고 자극적인 알림에 익숙해지면, 아이는 공부나 독서처럼 '느리고 예측 가능한 보상'을 주는 활동에는 흥미를 잃어버립니다. 이런 현상은 이전 장에서 언급한 소비나 중독 상황과 유사하지만, 육아에 있어 도파민은 아이의 '성장하는 뇌' 속에서 학습과 습관 형성에 꼭 필요한 요소라는 점이 다릅니다. 그래서 아이의 주의를 다시 학습이나 성장 쪽으로 돌리려면, 아이가 본능적으로 원하는 빠른 피드백을 활용할 필요가 있습니다.

예컨대 아이에게 "하루 3시간 공부해"라는 큰 목표 대신 "15분 집중해서 문제 두 개만 풀어보자"처럼 작은 목표를 제시하세요. 그러면 아이는 즉각적인 성공을 경험하며 도파민의 자연스러운 자극을 받을 수 있습니다. "문제를 잘 풀었네!" 같은 빠르고 구체적인 칭찬이나, 작은 미션을 달성할 때마다 즐거운 활동을 연결하는 것도 효과적입니다. 아이 뇌는 크고 먼 보상보다 작고 즉각적인 성공 경험에 더 큰 반응을 보이니까요.

결국 도파민은 아이의 성장을 가로막는 적이 아니라, 잘 활용하면 아이의 발달과 학습을 촉진하는 아군이 될 수 있습니다. 아이가 끊임없이 자극을 찾는다면, 그 충동을 막으려고 하기보다 창의적이고 생산적인 방향으로 돌려주세요. 아이의 뇌가 원하는 '바로 지금의 즐거움'을 부정하지 말고, 그 즐거움을 조금씩 의미 있는 경험과 연결지어 주는 것입니다. 그러면 아이는 '게임만 재밌어!'라고 느끼지 않고, "공부도 재미있네!"라고 말하게 될 거예요. 아이가 이미 가진 본능적 에너지를 인정하고, 현명하게 활용하는 것이 도파민과의 진짜 협상 전략입니다.

반항 버튼을 누르는 감정 센서, 편도체

편도체는 아이 뇌의 '위험 감지기'입니다. 아몬드 모양의 이 작은 구조는 위험을 감지하는 순간 즉시 "위험해! 대응해!"라는 신호를 보내 생존을 지킵니다. 그러나 문제는 이 경고 시스템이 도로에서 차가 달려오는 상황과 같은 실제 위험과 '시험 망치면 어쩌지?' 같은 심리적 위험을 잘 구분하지 못한다는 점입니다. 아이가 시험을 앞두고 '엄마가 실망하면 어떡하지?' 걱정할 때도, 편도체는 "위험! 비상!"을 외치며 스트레스 호르몬인 코르티솔을 방출합니다.[38]

스트레스가 높아지면 아이의 뇌는 학습이나 문제 해결보다는 즉각적인 위험 회피에 집중합니다. 쉽게 말해, 편도체가 활성화되면 아이는 책상 앞에서도 '생존 모드'로 전환되어 제대로 공부할 수 없어요. 부모가 "이번 시험 망하면 휴대폰 압수야!"라는 말을 던지는 순간, 편도체는 완전히 비상 경보 모드로 돌입하고 아이는 공부보다 스트레스에 짓눌립니다. 이때 나타나는 방어적이고 반항적인 태도는 성격이 나빠서가 아니라 뇌가 보내는 자연스러운 방어 신호입니다.

편도체가 육아에서 특별한 의미를 갖는 이유는, 부모의 작은 말과 행동이 아이의 스트레스 시스템을 직접 조율하기 때문입니다. 편도체는 부모의 목소리 톤이나 표정에도 매우 민감하게 반응하여, 부모가 무심코 던진 말도 위협으로 받아들일 수 있습니다. "공부 좀 해!"라는 말조차 편도체에게는 "위험! 도망쳐!"라는 신호로 들려 아이를 더 위축되게 만들 수 있어요. 아이의 편도체를 안정시키려면 부모의 말과 행동이 반드시 '안전'과 '신뢰'라는 느낌을 주어야 합니다.

아이의 편도체를 다루는 전략은 간단하지만 효과적입니다. 시험 전 긴장을 느끼는 아이와 함께 심호흡을 하거나, 예측 가능한 규칙과 일상을 만들어 주면 좋아요. 무엇보다 부모는 말에 "실패해도 괜찮아", "너의 가치는 성적과 무관해" 같은 안정감을 주는 메시지를 자주 담아야 합니다. 편도체가 진정되면 아이는 스트레스에서 벗어나 더 편안한 마음으로 공부에 몰입하고, 부모와의 관계도 더 건강해집니다. 편도체를 다스리는 가장 좋은 방법은 아이를 비난하지 않고 그 뇌가 보내는 자연스러운 반응을 이해하고 존중하는 것입니다.

아직 덜 자란 조종석, 전전두엽

전전두엽은 뇌의 '실행 기능'을 담당하는 핵심 부위입니다. 계획

세우기, 충동 조절, 감정 관리, 집중력 유지 같은 중요한 역할을 맡고 있지요. 하지만 전전두엽은 뇌에서 가장 늦게 발달해 25세쯤 되어야 완전히 성숙하는 부위입니다.[112] 아이들, 특히 청소년들이 "숙제는 나중에!"라며 하염없이 미루거나 충동적으로 일탈 행동을 저지르는 이유는 전전두엽이 아직 미숙한 상태에서 성장 중'이기 때문입니다.

청소년의 뇌는 '목적지는 정해졌지만 조종사가 아직 미숙한 비행기'와 비슷합니다. 도파민이라는 보상 시스템은 이미 활발하게 움직이며 "지금 이거 재밌어!" 신호를 보내는데, "잠깐, 이건 좋지 않은 선택일지도 몰라"라고 제동을 걸 전전두엽의 판단력은 여전히 약한 상태입니다. 그래서 "친구들이랑 밤새 게임해도 돼요?" 같은 충동적 결정이 튀어나오죠. "왜 그런 바보 같은 짓을 했니?"라는 질문에 "몰라요", "그냥"이라고 대답하는 것도 이상하지 않습니다. 전전두엽이 아직 미성숙해서 정말 '판단 자체를 제대로 못하는 것'이니까요. 문제가 아니라 자연스러운 성장 과정입니다.

흥미롭게도, 아이의 전전두엽이 성숙해지는 동안 부모가 외부에서 이 역할을 대신할 수 있습니다.[113] 마치 운전 연습 중인 초보 운전자 옆에 앉아 보조 역할을 하듯, 아이의 판단과 실행을 임시로 지원하는 것이지요. 그러나 무조건 부모가 대신 결정하는 것이 아니라, 아이가 점진적으로 독립성을 키우도록 돕는 것이 중요합니다. 처음에는 "숙제를 30분 안에 끝내보자"처럼 구체적인 가이드로 시작, 점점 "너는 어떻게 하고 싶은지 한번 계획을 세워볼래?"로 옮겨가는 방식이지요. "이 문제를 어떻게 해결할 생각이니?"라며 아이가 스스로 생각하도록 돕는 것도 전전두엽을 건강하게 발달시키는 좋은 전략입니다. 체스나 보드게임, 마인크래프트처럼 전략과 계획이 요구되는 놀이들도 아이의 전전두엽 성장을 효과적으로 돕습니다.

아이의 충동과 미숙함을 이해하면 육아가 한결 쉬워집니다. 아직 덜 자란 전전두엽을 가진 아이에게 "완벽해야 해!" 기대하는 대신, 부모가 임시적으로 판단과 계획을 돕고 기다려주세요. 전전두엽의 성장을 믿고 천천히 기다리다 보면, 어느새 아이는 자신의 생각을 멈추고 계획하는 법을 스스로 터득할 것입니다. 육아의 핵심은 완벽을 요구하는 게 아니라, 아이의 뇌가 충분히 자랄 때까지 동행하는 일입니다.

〈4〉
부모의 갈등을 심리학으로 들여다보다

부모와 자녀 사이의 갈등은 단순히 '말 안 듣는 아이'와 '화내는 부모'의 문제가 아닙니다. 그 이면에는 세대 차이, 기대의 불일치, 부모 자신의 불안과 통제 욕구 같은 복합적인 심리적 요인이 작용합니다. 사랑하지만 때로는 서로에게 상처를 주고, 이해하고 싶지만 반복되는 오해 속에서 관계가 점점 나빠지기도 하지요.

실제 가정에서 자주 겪는 익숙한 갈등 장면을 바탕으로, 그 속에 숨겨진 부모의 내적 갈등과 심리, 그리고 아이의 정서적 반응을 함께 들여다봅시다. "왜 나는 자꾸 화를 낼까?" "정말 아이를 위해서 이러는 걸까?" 같은 질문에서 진정한 소통과 변화가 시작됩니다. 부모도 처음이라 서툴 수밖에 없다는 사실을 인정하는 것은, 심리학적으로 바라보는 양육의 첫걸음입니다.

아이를 위한다는 착각, 나를 위한 교육

"다 널 위해 그러는 거야." 많은 부모들이 아이에게 하는 이 말은, 의도와는 다르게 자주 양날의 검이 됩니다. 진심으로 아이를 걱정하고 더 나은 미래를 열어주고 싶어서 하는 말이지만, 그 속에는 종종 부모 자신의 불안과 욕망이 숨어 있지요. 아이의 성적, 아이의 진로, 아이의 일상은 때로 부모 자신의 자존감과 직결됩니다. 그래서 아이가 시험을 망치면 내가 실패한 것 같고, 아이가 상을 받으면 내가 인정받은 느낌입니다. 그러나 부모의 자아가 아이의 성취에 중첩되면, 교육은 더는 아이의 것이 아닌 '부모 체면 프로젝트'가 되기 쉽습니다.

심리학에서는 이런 현상을 '대리 성취(vicarious achievement)'라고 합니다.[114] 부모가 자신의 욕망이나 과거의 미완성된 꿈을 아이에게 투사하고, 아이가 그 목표를 대신 이루어주기를 기대하는 경향이지요. 우리나라처럼 교육이 계층 상승의 수단이 되는 사회에서는 이 현상이 특히 강하게 나타납니다.[115] 자녀가 좋은 학교에 가야 부모가 존중받고, 자녀가 실패하면 부모도 사회적 패배자로 인식되는 듯한 분위기에서, 아이는 '사랑받기 위해 성취해야 하는 존재'로 전락하기 쉽습니다.

이런 분위기에서 자란 아이는 자신의 감정이나 흥미보다 부모의 기대를 먼저 생각하게 됩니다. '난 이게 좋지만 부모님이 싫어하면…' 같은 고민이 계속되면, 결국 아이는 자신이 무엇을 원하는지도 모르게 됩니다. 캐롤 드웩의 연구에 따르면, 부모의 성과 중심 피드백은 아이로 하여금 실패를 두려워하게 만들고, 그 결과 새로운 도전보다는 안전한 길만 선택합니다.[116, 117] 이러한 고정 마인드셋이 자리 잡으며, 실패는 곧 자신의 무가치함을 증명하는 것으로 받아들입니다.

부모가 아이에게 "널 위해 그러는 거야"라고 할 때, 그 말의 진짜 주어는 사실상 '부모 자신'일 가능성이 큽니다. 이 사실을 자각하는 순간, 양육은 전혀 다른 길로 향할 수 있습니다. 내 욕망과 불안을 아이에게 투사하지 않으려는 노력, 아이가 좋아하는 것을 존중하려는 태도, 실패를 있는 그대로 받아들이는 여유가 진짜 '아이를 위한' 교육의 시작입니다.

오늘부터라도 아이가 좋아하는 활동을 함께하며, 아이의 관심사와 감정에 적극적으로 귀를 기울여보세요. "엄마가 널 위해 그러는 거야" 대신 "네가 어떤 사람이 될지 정말 궁금해"라고 말해보세요. 그 말 한마디가 아이의 자존감을 키우는 씨앗입니다.

스마트폰을 둘러싼 세대 전쟁

"핸드폰 좀 그만 봐!"라는 말은 이제 거의 모든 집에서 들려오는 잔소리의 대표가 되었습니다. 부모는 걱정스럽고 답답한 마음에 언성을 높이고, 아이는 짜증 섞인 말투로 "잠깐만!"을 반복하지요. 하루에도 몇 번씩 벌어지는 이 모습은 단순한 기기 사용 문제를 넘어, 세대 간의 감각 차이와 통제에 대한 갈등을 드러냅니다. 아이들은 스마트폰을 통해 친구들과 소통하고, 세상을 탐색하며, 자신을 표현합니다. 하지만 부모에게는 그 모든 활동이 통제되지 않은 위험처럼 느껴집니다. 결국 스마트폰이 가족 내에서 가장 흔한 '갈등의 대명사'가 되었습니다.

이 갈등의 심리적 핵심은 세계관의 충돌입니다. 부모 세대는 아날로그 환경에서 자라 디지털 기술을 후천적으로 배운 '디지털 이민자'이고, 자녀 세대는 디지털 속에서 자연스럽게 자란 '디지털 원주민'입니다. 이는 단순한 기술 사용 능력의 차이를 넘어 놀이, 소통, 배움의 방식 자체가 다르다는 본질적인 차이를 만듭니다. 부모는 스마트폰을 '도구'로 보지만 아이들은 '공간'으로 인식합니다. 이 공간을 함부로 금지하거나 통제하려 할 때, 아이들은 단순한 제한이 아니라 자기 세계에 대한 침해로 받아들이지요.

이때 부모의 심리는 종종 모순됩니다. "코딩은 배워야지", "4차 산업혁명 시대에 디지털 기술은 필수야"라고 말하는 동시에, "게임은 시간 낭비야", "유튜브 좀 그만 봐!" 소리칩니다. 정보와 창의성은 장려하지만, 아이가 즐기는 디지털 활동은 억제하는 이중적 태도는 아이에게 일관성 없는 기준과 혼란을 줍니다. 심리학자들은 이를 이중 메시지(double bind)라고 부르며, 이런 혼란은 아이가 부모의 말보다는 행동의 모

순을 먼저 감지하고 반발하게 만든다고 설명합니다.[118]

디지털 기기 사용을 둘러싼 갈등은 부모의 통제 욕구와 자녀의 자율 욕구가 정면으로 충돌하는 지점입니다. 부모는 아이가 중독될까 걱정하며 통제하려 하지만, 아이 입장에서는 자기만의 공간과 리듬이 박탈당하는 경험입니다. 특히 자율성 욕구가 강한 청소년기에 이 통제는 감정적 저항을 유발하고, 오히려 몰래 사용하거나 거짓말을 하며 통제 회피 전략을 습득하지요. 결국 기술의 문제가 아니라 신뢰와 협상의 실패가 갈등의 본질입니다.

디지털 갈등을 해결하려면 단순한 시간 제한보다 서로의 인식을 조율하는 대화를 우선해야 합니다. '왜 스마트폰을 자주 보는지', '어떤 콘텐츠가 재미있는지' 먼저 묻는 것만으로도 아이는 방어적 태도에서 벗어날 거예요. 스마트폰 사용을 전면 금지하기보다는 디지털 규칙을 함께 만들어가는 과정으로 접근하세요. "식사 시간만큼은 모두 휴대폰을 잠시 멈추자. 서로 얼굴을 보고 대화하는 게 더 좋겠지?" 같은 일관된 기준을 제안하고 그 이유를 설명하면 갈등은 훨씬 줄어들 것입니다. 디지털 사용도 결국 하나의 소통 방식임을 이해하는 것이야말로 이 줄다리기를 평화로 바꾸는 첫걸음입니다.

완벽해야 한다는 압박

아이들이 공부를 힘들어하는 진짜 이유는 교과서 내용이 어렵기 때문이 아닙니다. 더 근본적인 문제는 그들이 매일 맞닥뜨리는 "잘해야 한다"는 메시지와 "실패하면 안 된다"는 압박입니다. 부모와 학교, 사회는 아이의 성취를 원하지만, 그 기대는 점차 "지금 이 상태로는 부족하다"는 인식으로 이어지며 아이의 마음을 압박합니다. 어느 순간, 학습은 호기심을 채우는 활동이 아니라 평가와 비교에서 살아남기 위한 생존 전략으로 전락합니다. 학업 스트레스는 그렇게 커져가며 아이의 내면을 조금씩 갉아먹습니다.

심리학자들은 이러한 경향을 '당위적 사고(musturbation)', 즉 "반드시 잘해야만 한다"는 식의 경직된 사고방식이라고 설명합니다.[119] '나는 꼭 완벽해야 해', '절대 실수하면 안 돼' 같은 생각은 겉보기에는 열심히 하려는 태도 같지만, 실제로는 자기 비난과 실패에 대한 공포를 내면화한 신념입니다. 특히 완벽주의 성향을 가진 아이들에게는 시험 점수가 단순한 수치가 아니라 자신에 대한 평가로 인식되기 때문에, 시험 하나가 존재 자체를 흔들어놓을 수 있습니다. 결국 공부는 성취보다 공포에 이끌리는 활동이 되고, 아이는 점점 자신의 감정을 숨기며 외면합니다.

이러한 심리 구조는 아이의 자기효능감에 큰 영향을 미칩니다. 심리학자 앨버트 반두라는 "나는 할 수 있다"는 믿음이 학습의 지속성과

질을 결정하는 핵심 요소라고 강조합니다.[120] 하지만 지속적인 비교와 비난은 아이가 자기 능력을 믿지 못하게 만들고, 결국 도전을 피하는 학습 태도를 낳습니다.[121] 즉, 아이는 점점 '내가 할 수 있는 일'보다는 '남들이 요구하는 일'만 하게 되고, 그 결과 자율성과 창의성을 키울 기회를 잃어버립니다. 단기적으로는 성적이 오를 수 있어도, 장기적으로는 학습 동기와 정신 건강 모두 악화됩니다.

아이의 마음은 숫자보다 훨씬 더 섬세합니다. "이번 시험 왜 이렇게 못 봤어?"라는 말 한마디가 아이에게는 "넌 실망스러운 존재야"라고 들릴 수 있습니다. 진정한 성장을 위해 필요한 것은 점수보다 과정에 집중하는 질문입니다. "이번 시험에서 어떤 부분을 잘 이해했어?" "이번에 새롭게 배운 건 뭐야?" "다음엔 어떤 걸 더 시도하고 싶어?" 같은 질문은 아이가 스스로를 '성과가 아닌 존재'로 바라보게 합니다.

완벽해야만 가치 있는 사람이 아니라, 시행착오 속에서도 계속 배우고 자라는 존재로 느낄 수 있게 돕는 것. 학업 스트레스에서 아이를 구해내는 가장 강력한 심리적 처방입니다.

꿈과 현실 사이

"유튜버가 되고 싶어요", "게임 개발자가 꿈이에요." 아이의 이런 말을 들으면 많은 부모들은 걱정과 당혹감을 동시에 느낍니다. "그건 불안정한 직업이야", "그런 건 취미로나 하는 거지" 등의 반응은 진심 어린 충고일지 모르지만, 아이에게는 자신의 세계를 부정당한 감정으로 다가옵니다.

이 충돌은 단순한 직업 선택의 문제가 아니라, 서로 다른 세대가 각자의 감각으로 꿈을 해석하는 방식의 차이에서 비롯됩니다. 부모는 안정과 확실성을 추구하고, 아이는 유연함과 의미를 좇습니다. 결국 진로를 둘러싼 갈등은 서로를 이해하지 못하는 불일치에서 자라나는 감정의 균열입니다.

심리학적으로 이 갈등은 가치관 충돌과 정체성 형성의 과정입니다. 특히 청소년기는 에릭슨이 말한 '정체성 대혼란'의 발달 단계로, 자신이 누구인지, 어떻게 살고 싶은지 탐색하는 중요한 시기입니다.[122] 이 시기 아이가 내면적으로 원하는 길을 찾아나가려 할 때, 부모의 고정된 기대가 이를 막아선다면 아이는 선택의 자유를 빼앗겼다고 느낄 수 있습니다. 이는 단순한 반항이 아니라, 자기 자신으로 살아가고 싶다는 정당한 욕구의 표현입니다. 반면 현실의 불확실성과 실패 가능성을 더 많이 체감한 부모는, 본능적으로 아이를 좀 더 '안전한 길'로 유도하려 합니다.

부모는 아이의 미래를 걱정하기에 현실적인 한계를 지적하지만, 아이는 이를 자신에 대한 거부나 불신으로 받아들이기 쉽습니다. 이런 소통의 격차를 좁히려면, 부모도 자신의 불안을 솔직하게 이야기하고, 아이와 함께 구체적인 진로 탐색을 통해 현실적인 대안을 모색해야 합니다.

자기결정이론(self-determination theory)에 따르면, 인간은 본능적으로 자율성과 유능감, 관계성을 추구하는 존재이며, 이 세 가지 욕구가 존중받지 못하면 동기 저하와 정서적 거리감이 발생합니다.[123] 아이가 진로를 자율적으로 설계할 수 없다고 느끼면, 진지한 고민 대신 무기력이나 반항으로 반응할 가능성이 큽니다. 부모와의 신뢰 기반이 약해진 상태에서는 오히려 갈등만 반복되는 패턴에 빠질 수 있습니다.

부모가 '현실적인 선택'이라는 이름으로 진로를 제한할수록 아이는 자신의 꿈을 숨기거나 포기하고, 그로 인해 자기 인식과 자존감에까지 영향을 미치는 이차적 손상이 발생합니다. 결국 아이는 '내가 원하는 걸 말해도 소용없다'는 메시지를 내면화하고, 자기 욕망을 검열하는 습관을 갖게 됩니다. 심리학자 칼 로저스는 진정한 자아실현은 외부의 평가가 아닌, 내면의 감정과 가치를 존중할 때 가능하다고 말합니다.[124] 아이가 말하는 꿈이 부모에게는 낯설고 불안하게 들릴지라도, 그 꿈은 아이 정체성의 일부이며 소중한 내면의 표현입니다.

"그런 건 안 돼" 단정짓기보다 "그게 왜 좋아?" "그 분야에 대해 뭘 알고 있어?"라는 식의 호기심 어린 질문으로 접근하면 좋습니다. 아이가 원하는 진로를 함께 진지하게 탐색해보는 것만으로도, 대화의 온도가 확 달라질 수 있습니다. 유튜버가 되고 싶어 하면 실제로 콘텐츠를 기획하게 하거나, 게임 개발자가 되고 싶다면 관련 전공이나 산업 구조를 함께 알아보세요.

부모가 인정과 통제 사이에서 한 발 물러서 주는 순간, 아이는 오히려 더 책임감 있게 자신의 선택을 고민합니다. 불안한 미래를 통제하는 대신, 아이가 자신의 미래를 설계하도록 믿어주는 것이 진정한 교육입니다.

〈5〉
감정에 휘말리지 않는 육아 전략

육아는 언제나 예상 밖의 일로 가득합니다. 아이의 감정보다 내 감정이 먼저 폭발하고, 계획했던 이상적 육아는 현실의 벽 앞에서 자주 무너지지요. 하지만 뇌가 감정을 다루는 원리를 이해하면, 순간적으로 터져 나오는 분노와 짜증을 한 박자 늦출 수 있습니다. 뇌과학과 심리학을 기반으로, 매일의 육아 현장에서 즉시 사용할 수 있는 실전 전략들을 함께 살펴봅시다.

◎ 애는 애고, 나는 나다 — 체면보다 관계를 선택하기

"아이를 내려놓을수록, 진짜 아이가 보인다."

목표

- 아이를 '나의 확장'이 아닌 '고유한 존재'로 인식하기
- 부모의 기대·체면·불안을 인식하고 분리하기
- 감정적 개입 대신 인격적 존중으로 관계 재설계하기

체면 내려놓기 실전 매뉴얼

1. 자기성찰 질문으로 생각 멈춰보기

→ 매일 5분, 스스로에게 질문 던지기

→ ㉠ '이건 정말 아이를 위한 건가?' '혹시 내 자존심이 작동한 건 아닐까?'

왜? — 내면을 비추는 질문은 감정의 스위치를 꺼주는 가장 빠른 도구입니다.

2. '다른 부모라면?' 객관화하기

→ '이웃 아이가 우리 아이 상황이라면 나는 뭐라고 조언할까?'

→ 한 걸음 뒤로 물러나 아이의 상황 객관적으로 보기

왜? — 부모 역할을 잠시 내려놓으면 아이의 입장이 선명해집니다.

3. '미래의 나'로 현재 돌아보기

→ '20년 뒤 오늘을 돌아본다면, 나는 어떤 조언을 하고 싶을까?'

→ 시간적 거리두기로 불필요한 간섭과 후회 줄이기

  왜? — 감정은 순간을 붙잡지만, 후회는 시간이 지나 찾아옵니다.

4. '내 아이를 다른 사람이 키운다면?' 상상하기

→ '다른 사람이 이 아이를 키운다면 그 방식에 나는 동의할까?'

→ 내 양육 태도를 외부 시선으로 점검하고 객관화하기

  왜? — 부모라는 필터를 벗을 때 내가 아이에게 어떤 영향을 끼치는지 명확해집니다.

5. 존중의 언어로 대화 바꾸기

→ 예 "너 왜 그것밖에 못해?" → "그 상황이 어려웠겠다. 네 생각은 어때?"

→ 지적과 비판을 공감과 소통으로 전환하기

  왜? — 말투 하나가 아이의 자존감을 살릴 수도, 무너뜨릴 수도 있습니다.

- 아이는 내 자존심을 보여주는 작품이 아닙니다.
- 체면이 아니라 관계를 선택할 때 진짜 연결이 시작됩니다.
- 아이를 바꾸는 첫걸음은 '부모로서의 나'를 들여다보는 일입니다.

◎ 도파민을 쥐고 흔드는 기계 — 스마트폰 사용법부터 가르치자

> "스마트폰이 아이의 뇌를 지배하기 전에 부모가 규칙을 세우라."

목표
- 아이의 스마트폰 사용을 억제하기보다 '조절 가능한 도구'로 인식시키기
- 도파민 과잉 자극에서 벗어나 집중력과 감정 안정성을 회복하기
- 가족 모두가 함께 지키는 디지털 사용 규칙을 정착시키기

현실 육아를 위한 스마트폰 관리 실전 매뉴얼

1. 온 가족이 지키는 디지털 규칙 정하기
→ '식사 중엔 전원 끄기', '자기 전 1시간은 스마트폰 없이' 같은 단순하고 명확한 규칙 설정
→ 가족이 함께 결정하고, 서약서처럼 눈에 잘 보이는 곳에 붙여두기
  왜? — 부모가 먼저 실천하는 것이 최고의 교육입니다.

2. 도파민을 활용한 '행동-보상' 체계 만들기
→ 공부나 집안일을 완료한 후 스마트폰 사용 시간을 보상으로 주기
→ 예) '30분 책 읽으면 15분 게임 가능'
  왜? — 뇌는 즉각 보상을 좋아합니다. 도파민 보상을 '행동 후'로 설계하면 자제력을 키울 수 있습니다.

3. 스마트폰 없는 시간과 장소 설정하기

→ 예) '저녁 6~8시는 가족 대화 시간', '화장실, 식탁에서는 스마트폰 금지'

→ 스마트폰 대신 시간을 확인할 수 있도록 벽시계, 탁상시계, 모래시계 등을 집안 곳곳에 비치하기

왜? ― 환경이 행동을 만듭니다. 정해진 '기기 프리 존'이 습관을 만듭니다.

4. 스마트폰보다 재미있는 대안 제공하기

→ 보드게임, 요리, 산책, 간식 만들기 등 스마트폰보다 즐거운 가족 활동 설계하기

→ 주말 '디지털 프리 데이'를 만들어 체험 중심의 활동으로 채우기

왜? ― 단순 금지는 반발을 부릅니다. 기기를 대신할 더 매력적인 경험이 필요합니다.

5. 자기 조절력을 높이는 짧은 일기 쓰기

→ 하루 한 번, 스마트폰을 내려놓은 순간과 그때의 기분을 짧게 기록하기

→ 예) '게임 대신 책을 봤더니 더 편안하고 집중이 잘됐음'

왜? ― 자기 기록은 뇌에 "이게 더 좋았어"라는 긍정적인 메시지를 줍니다. 습관은 경험에서 자랍니다.

- 스마트폰은 아이의 뇌를 자극하는 '작은 카지노'입니다.
- 금지보다 강력한 건 '스스로 조절하는 힘'입니다.
- 디지털 습관을 설계하는 부모는, 아이의 미래 집중력을 지키는 설계자입니다.

◎ TV OUT, 책장 IN — 환경이 아이의 습관을 만든다

"아이의 행동을 바꾸고 싶다면 아이의 공간부터 바꾸라."

목표

- 디지털 자극을 줄이고 자연스러운 독서 환경 만들기
- 스마트폰, TV보다 창의적 활동이 더 매력적으로 보이게 하기
- 의도적인 환경 설계로 아이의 행동 흐름 유도하기

환경 재구성 실전 매뉴얼

1. TV를 시야에서 숨기기

→ 거실 한가운데서 벽 모서리나 눈에 잘 띄지 않는 곳으로 TV 옮기기

→ 사용하지 않을 때는 커버나 액자형 가림막으로 화면을 가리기

왜? — 뇌는 눈앞의 자극에 끌립니다. 시야에서 사라지면 충동도 함께 줄어듭니다.

2. 책에 먼저 손이 가도록 배치하기

→ 소파 옆, 침대 옆, 식탁 위 등 자주 머무는 공간마다 아이의 관심사와 관련된 책 비치하기

→ 표지가 보이도록 진열하거나 작은 책꽂이 설치하기

왜? — 접근성이 높을수록 행동이 변합니다. 책도 아이 눈에는 흥미로운

자극이어야 합니다.

3. 창의 활동을 위한 공간 만들기
→ 미술 도구, 레고, 만들기 키트, 악기 등을 한곳에 모아 창의 활동 코너 구성하기
→ 창가나 햇볕 잘 드는 공간에 책상과 선반 마련하기
  왜? — 창의적인 공간은 뇌의 보상 회로를 자극해 디지털 유혹 없이도 몰입을 유도합니다.

4. TV 시간 대신 가족 활동 루틴 만들기
→ '금요일 저녁은 보드게임의 밤', '일요일은 가족 요리 시간' 등 정기적인 비(非)디지털 가족 활동 정하기
→ 놀이 도구나 게임판은 눈에 띄고 접근하기 쉬운 곳에 보관하기
  왜? — 대체 활동이 없으면 아이는 다시 디지털 자극으로 돌아갑니다. 즐거운 습관이 디지털을 이깁니다.

5. 친구와 함께하는 오프라인 경험 제공하기
→ 친구를 초대해 스마트폰 없이 직접 노는 경험을 제공하고, 디지털이 없어도 즐거울 수 있다는 걸 체험하게 하기
→ 만들기, 보드게임, 쿠키 굽기 등 아이가 주도할 수 있는 활동 준비하기
  왜? — 친구와 함께하는 즐거움은 가장 강력한 대체 자극입니다. 사회적 몰입은 디지털 유혹을 쉽게 밀어냅니다.

- 환경은 설득보다 강력합니다.
- 보이는 것을 바꾸면 아이의 행동이 바뀝니다.
- 아이가 원하는 방향으로 성장하도록 먼저 공간을 설계하세요.

◎ 작은 목표부터 시작하자 — 학업 스트레스 줄이기 전략

> "빨리 달리는 아이보다, 지치지 않고 꾸준히 걷는 아이가 멀리 간다."

목표

- 과도한 부담 대신, 현실적인 목표 설정으로 공부 스트레스 완화하기
- 실패가 아닌 '과정' 중심의 학습 태도 기르기
- 성취감을 통해 학습 동기와 자신감 회복하기

학업 스트레스 줄이기 실전 매뉴얼

1. 짧고 굵게 공부하기

→ 포모도로 기법 활용: '25분 집중+5분 휴식'을 한 주기로 공부 시간 구성하기

→ 초등학생이라면 '15분 집중+5분 휴식'으로 조정 가능

왜? — 짧은 시간의 집중은 뇌가 가장 좋아하는 학습 방식입니다. 잦은

휴식이 집중력을 유지시킵니다.

2. 목표는 숫자로 구체화하기
→ "오늘 수학 다 끝내!" 대신 "문제 5개만 풀자"처럼 작고 명확한 목표 세우기
→ 모든 과목에서 하루에 달성할 목표를 세부적으로 나누기
왜? — 부담을 최소화하는 목표 설정이 아이의 실천력을 높이고 스트레스를 줄입니다.

3. 다양한 감각으로 반복 학습하기
→ 같은 내용을 글, 그림, 영상, 실습 등 다양한 방식으로 반복해서 학습하기
→ ㉾ 과학 원리를 동영상으로 배우고, 직접 실험하거나 그림으로 개념을 정리하기
왜? — 다양한 감각 자극이 뇌의 기억력을 높이고 학습 효율을 극대화합니다.

4. '성장형 칭찬' 습관화하기
→ "머리가 좋구나" 대신 "어려워도 끝까지 노력한 모습이 멋지네" 같은 노력 중심의 칭찬하기
→ 아이의 노력, 전략, 개선을 구체적으로 인정하고 격려하기
왜? — 결과보다 과정을 강조하면 아이는 실패를 두려워하지 않고 계속 도전합니다.

5. 실패를 성장의 기회로 삼기

→ 틀린 문제에 "이걸 통해 뭘 배울 수 있을까? 같이 보자"라는 태도로 접근하기

→ 성적이나 점수보다 학습 과정과 개선 가능성에 초점을 맞춰 피드백하기
왜? — 실패를 긍정적으로 재해석하면 스트레스는 줄어들고 아이의 회복탄력성은 높아집니다.

- 아이는 '잘하는 방법'보다 '다시 도전하는 방법'을 먼저 배워야 합니다.
- 공부는 의지가 아니라 전략과 설계로 성공합니다.
- 작은 성공 경험이 쌓이면 아이의 자존감과 성장은 자연스럽게 따라옵니다.

◎ 충동 속에 단서가 있다 — 진로 맞춤형 질문법

"아이의 호기심이 향하는 곳에 진짜 미래가 숨어 있다."

목표
- 아이의 무의식적 관심에서 진로의 실마리를 찾아내기
- 단순한 취향이 아니라 지속 가능한 열정과 재능을 탐색하기
- 진로 탐색을 부모의 통제가 아닌 아이의 주도성으로 이끌기

진로 탐색 실전 매뉴얼

1. '왜 좋아?'라고 자주 묻기
→ 아이가 좋아하는 게임, 영상, 취미 활동에 "어떤 점이 재미있어?"라고 이유를 물어보기

→ ㉮ "게임의 어떤 부분이 가장 재밌어?" "새로운 전략 짜는 게 재미어요."
왜? — 아이의 흥미 뒤에는 전략성, 창의력, 협동심과 같은 구체적 재능이 숨어 있습니다.

2. 놀이와 취미에서 진로 단서 찾기
→ 아이가 자주 하는 놀이, 시간이 빨리 지나가는 활동을 관찰하기

→ ㉮ 종이접기, 레고 만들기에 몰입한다면 손재주나 공간지각력 관련 가능성 탐색하기
왜? — 아이가 무의식적으로 몰입할 때, 뇌가 그 분야에 잠재적 재능과 흥미를 보내는 신호입니다.

3. 작은 프로젝트로 관심 발전시키기
→ 아이의 관심 분야를 생활 속 작은 프로젝트로 실천해보기

→ ㉮ 요리에 관심 있다면 주말에 가족과 함께 '가족 식사 메뉴 기획하기'
왜? — 직접적인 경험이 아이의 구체적인 열정과 재능을 확실하게 드러냅니다.

4. 현실의 전문가 만나보기

→ 관심 분야의 전문가를 직접 만나거나 유튜브 등 온라인 인터뷰 영상을 함께 보기

→ ⓔ 동네 빵집 제과사, 인기 유튜버, 환경운동가 등 실생활 속 멘토 찾기

왜? — 현실에서 활동하는 구체적 모델을 보면, 진로가 꿈에서 현실적 선택으로 바뀝니다.

5. '열정 일기'로 좋아하는 마음 기록하기

→ 매일 아이가 "재밌다"고 느낀 활동을 간단히 기록하도록 돕기

→ ⓔ "슬라임을 만들었는데 예쁘고 부드러워서 행복했다."

왜? — 감정과 연결된 경험은 오래 기억되고, 진로 탐색을 위한 명확한 단서가 됩니다.

- 진로는 갑자기 나타나는 게 아니라, 작은 흥미의 조각이 쌓여 만들어집니다.
- 부모는 아이에게 길을 정해주는 사람이 아니라, 길을 찾는 방법을 알려주는 동반자입니다.
- 아이의 '좋아하는 마음'을 존중할 때, 진정한 열정은 저절로 자라납니다.

◎ 부모는 말보다 모델이다 — 리더십과 협상의 기술

"아이의 거울은 말이 아니라 부모의 행동이다."

목표
- 말보다 행동으로 보여주는 리더십과 모델링 강화
- 갈등보다 협력 중심으로 아이와의 소통 방식 전환
- 부모의 건강한 모델링을 통해 아이의 자기 조절력과 의사결정력 높이기

부모 리더십 실전 매뉴얼

1. 말 대신 행동으로 먼저 보여주기
→ 아이에게 책을 읽으라고 말하기 전에 부모부터 책 읽는 모습을 보이기
→ ㉮ 식사 시간에 가족 모두 스마트폰을 끄고 대화하기
  왜? — 부모가 일관된 행동을 보여주면 아이는 자연스럽게 따라옵니다.

2. 감정 조절을 직접 시범 보이기
→ "화날 때는 나도 심호흡을 해"라고 말하며 실제로 진정하는 모습 보여주기
→ ㉮ 화가 난 상황에서 "지금 내가 좀 흥분했으니까 5분만 쉬었다 이야기하자"라고 직접 말하고 자리 옮기기
  왜? — 부모의 감정 처리 방식이 곧 아이의 정서 조절 모델이 됩니다.

3. 통제 대신 '선택권'을 제공하며 협상하기

→ 지시나 명령보다는 아이가 직접 선택할 수 있는 옵션 주기

→ 예 "지금 숙제 먼저 하고 간식 먹을래, 아니면 간식 먹고 숙제할래?"

왜? — 아이가 직접 선택을 경험하면 책임감과 자율적 결정 능력이 자라납니다.

4. 윈 - 윈(win-win) 구조로 대화하기

→ 부모와 아이 모두 이득을 얻을 수 있는 방향으로 협상 진행하기

→ 예 "게임 30분 하고 싶지? 그럼 영어 공부도 30분은 해야 해. 대신 네가 먼저 하고 싶은 걸 선택해봐."

왜? — 서로 이익을 얻는 대화는 아이의 협력과 소통 능력을 자연스럽게 키웁니다.

5. 이유를 설명하여 아이의 납득 이끌기

→ 명령어 대신 아이가 이해할 수 있도록 이유를 충분히 설명하기

→ 예 "숙제를 미리 하면 저녁에 더 여유롭게 놀 수 있으니까 지금 하는 게 좋을 것 같아."

왜? — 이해한 규칙은 강요된 규칙보다 훨씬 더 오래, 자발적으로 지켜집니다.

- 아이는 부모가 보여주는 대로 성장합니다.
- 부모의 진짜 리더십은 말이 아니라 행동과 소통의 방식에서 드러납니다.
- 통제 대신 이해를, 명령 대신 협상을 통해 아이의 자기 조절 능력을 키우세요.

〈6〉
갈등을 성장으로 바꾼 사례들

자녀교육은 규칙을 알려주고 훈육하는 과정이 아닙니다. 아이의 뇌 발달과 감정의 흐름을 이해하며 함께 성장하는 긴 여정입니다. 실제 가정에서 자주 발생하는 갈등 사례를 통해, 앞서 소개한 뇌과학 기반의 전략들이 현실에서 어떻게 작동하는지 구체적으로 살펴봅시다.

양육에는 완벽한 정답이 없습니다. 하지만 부모가 좀 더 현명하게 반응하고 좀 더 다르게 접근하면, 아이는 분명 바뀌기 시작합니다. 중요한 것은 완벽한 양육이 아니라, 함께 실수하고 함께 회복하는 경험입니다. 이 과정이 아이의 뇌를 성장시키고 마음을 바꾸는 진짜 힘입니다.

스마트폰 주차장이 만든 변화

민준이네 저녁 시간은 늘 스마트폰 전쟁으로 시작했다. 12살 민준이는 학교에서 돌아오자마자 스마트폰을 붙잡고 유튜브를 보거나 게임을 시작했고, 부모는 "그만 좀 해!" 소리치기 바빴다. 아이는 "5분만 더요!"를 외치며 소파에 더 깊숙이 파묻혔다. 갈등은 반복됐고, 서로의 말은 점점 무시하게 되었다.

어느 날, 민준의 어머니는 부모 교육 강의에서 들은 '환경 설계' 개념을 떠올렸다. '아이를 바꾸려고 하지 말고 환경을 바꾸라'는 말이었다. 그녀는 거실 한쪽에 '스마트폰 주차장'이라는 바구니를 놓고, 가족 회의를 소집했다. "우리 저녁 6시부터 7시까지는 모두 스마트폰을 여기 넣어두고 같이 밥 먹고 이야기하자. 그 시간 후에는 민준이가 좋아하는 게임도 하게 해줄게."

민준은 처음엔 "왜 꼭 그래야 해요?" 반발했지만, "엄마 아빠도 똑같이 할 거야"라는 말에 조금은 누그러졌다. 사실 부모에게도 쉽지 않은 일이었다. 메일, 뉴스, SNS 확인하는 습관이 몸에 밴 상태였기 때문이다. 그러나 일주일, 이주일이 지나자 가족의 저녁 풍경이 조금씩 바뀌었다. 식탁 위에는 휴대폰 대신 이야기와 웃음이 올랐고, 민준은 학교에서 있었던 일을 하나둘 풀어놓았다.

한 달 뒤, 민준은 부모에게 뜻밖의 제안을 했다. "이번 주말에 우리 같이 보드게임 해볼래요? 유튜브에서 봤는데 재밌을 것 같아요." 스마트폰을 빼앗은 것이 아니라, 스마트폰 대신 함께할 수 있는 시간을 만든 결과였다. 부모의 강요가 아닌 협상의 규칙, 제한이 아닌 대안의 제안이 갈등의 방향을 바꾸었다.

민준이네 가족은 스마트폰을 사용하지 않는 시간을 처벌이 아닌, '함께하는 시간을 선택하는 것'으로 재정의했다. 작은 환경 변화는 결국 가족 전체의 생활 리듬을 바꿨고, 무의미한 갈등 대신 서로의 마음을 채우는 시간으로 변했다. 이제 더는 스마트폰을 두고 싸우지 않는다. 스마트폰 없이도 충분히 풍요로운 저녁을 보낼 수 있음을 배웠기 때문이다.

진로 갈등에서 협력으로

고등학교 3학년 준후는 게임 디자이너가 되고 싶다고 부모에게 밝혔다. 하지만 30년 가까이 병원에서 일해온 아버지에게 이 말은 충격이었다. "그건 그냥 취미여야지 직업이 될 수는 없어. 의대를 가야 안정된 삶을 살 수 있어"라는 아버지의 반응에 준후는 실망하고 좌절했다. 그날 이후, 가족 간의 대화는 대부분 냉랭했고 서로 얼굴을 마주치는 일조차 껄끄러워졌다.

긴장감이 쌓이던 어느 날, 어머니가 중재에 나섰다. 세 사람은 식탁에 마주 앉았고 어머니는 "이번엔 서로 말 끊지 말고 차례대로 자기 얘기만 해보자"라고 제안했다. 준후는 조심스럽지만 분명한 어조로 자신의 꿈을 설명했다. "게임은 단순히 놀이나 취미가 아니에요. 사람들의 감정을 움직이고 선택을 이끌어내는, 영화나 책 같은 예술이에요. 저는 그런 작품을 만드는 사람이 되고 싶어요." 준후의 진지한 눈빛과 말투에 아버지는 잠시 말을 잃었다.

아버지도 걱정을 솔직히 털어놓았다. "내가 반대한 건 네 꿈 때문이 아니라, 실패했을 때 너무 큰 상처를 받을까 봐 그래. 그만큼 치열한 분야라는 걸 아니까…" 그동안 표현하지 못했던 아버지의 진심이 처음으로 준후에게 전해졌다. 어머니는 이 둘의 간극을 좁히기 위해, '꿈'과 '안정' 사이의 접점을 함께 찾아보자고 제안했다. 그 결과, 준후는 게임 디자인과 컴퓨터 공학을 동시에 배울 수 있는 융합 학과를 찾았고, 아버지는 게임 회사 인턴십 정보까지 함께 조사하기 시작했다.

몇 달 뒤, 준후는 원하는 학과에 합격했고, 방학 중에는 인디 게임 스튜디오에서 인턴을 시작했다. 아버지는 준후가 참여한 미니 게임을 함께 플레이한 후 "네가 만든 게임을 직접 해보니까,

게임이 정말 진지하고 창의적인 일이구나"라며 웃었다. 준후는 "아빠가 반대할 거라고만 생각했는데, 이렇게 함께 고민해주고 도와줘서 정말 고마워요"라고 말했다. 진로 갈등은 여전히 해결 중이지만, 세 사람은 이제 같은 방향을 바라보며 걷고 있다.

이 사례는 갈등의 핵심이 '꿈의 옳고 그름'이 아니라, '서로의 두려움과 기대를 어떻게 이해하고 조율할 것인가'에 있다는 사실을 보여준다. 가족은 늘 같은 꿈을 꾸지는 않지만, 서로의 꿈을 존중하며 함께 걸어갈 수 있다.

계획을 배우는 아이들

초등학교 2학년인 지우는 숙제를 매번 미뤘다. "지금은 하기 싫어요", "조금 있다가요"라는 말이 습관처럼 입에 붙어 있었다. 일요일 밤이 되면 결국 부모와 함께 허둥지둥 숙제를 마무리했고, 그 과정은 늘 짜증과 한숨으로 가득했다. 처음엔 의지 부족이라 생각했던 부모는, 육아 강연에서 "아이의 전전두엽은 아직 공사 중이고, 시간 관리나 계획 세우기는 자연스럽게 되는 게 아니라 학습을 통해 길러지는 능력"이라는 말을 듣고 생각이 바뀌었다.

그날부터 부모는 지우의 외부 전전두엽 역할을 자처했다. 아이 방 벽에는 큰 주간 계획표가 붙었고, 숙제는 '국어 5문제 풀기', '수학 1장 하기'처럼 작고 구체적인 단위로 나눠졌다. 매일 저녁, 가족은 함께 다음 날 할 일을 정하고 스티커로 완료 표시를 했다. 특히 부모가 도입한 '미래의 나에게 선물하기' 개념에 지우는 큰 흥미를 보였다. "지금 숙제하면 주말에 널 위한 자유 시간이 생길 거야"라는 말에 아이는 반짝이는 눈으로 고개를 끄덕였다.

초기엔 계획표를 잊기도 하고, 숙제 대신 만화책을 펼치기도 했지만 부모는 "왜 또 안 했어?"라고 비난하지 않고, 다시 계획을 짜며 아이와 함께 조정해 나갔다. 반복된 실패와 성공 속에서, 지우는 자기가 직접 참여한 계획이 더 잘 지켜진다는 걸 조금씩 깨달았다. 점차 부모의 개입은 줄고, 어느 순간부터 지우는 스스로 계획을 세우기 시작했다. 어느 날 지우는 자신 있게 말했다. "오늘은 도서관 갔다 오니까 수학은 내일 할래요." 그 순간 부모는 아이의 변화가 시작되었음을 확신했다.

7개월이 지난 어느 날, 지우는 환한 얼굴로 부모에게 다가와 말했다. "엄마, 내일 소풍 가니까 숙제를 미리 다 해놓고 싶어요." 이 말은 단순한 숙제 완수 이상의 의미였다. 지우는 자신의 시간을 미리 준비하고 조율할 줄 아는 아이로 성장하고 있었다. 부모는 말없이 미소 지으며, 한 뼘 더 자란 아이의 얼굴을 바라보았다.

이 사례는 부모가 아이의 뇌 발달을 이해하고, 단순한 훈육이 아닌 '함께 계획을 세우는 협력'을 통해 자기 조절 능력을 키운 방식이다. 아이는 훈계보다 협력을 통해 자라며, 결국 자신의 삶을 스스로 계획하는 법을 배운다.

〈7〉
아이를 키우며 나를 다시 이해하다

아이는 완벽한 부모를 원하지 않습니다. 아이에게 필요한 건 언제나 똑같은 말을 반복하고 끝없이 잘 참는 슈퍼맘이 아니라, 따뜻하고 일관된 관계예요. 조금 화를 내더라도, 나중에 "엄마 아빠가 아까는 너무 예민했어, 미안해"라고 말할 수 있는 부모. 아이는 그 말 한마디로 다시 마음을 엽니다.

철학자들은 오래전부터 좋은 양육의 본질을 이야기했습니다. 플라톤은 아이의 가능성을 끌어내는 산파 역할을, 니체는 충동이라는 에너지를 강조했지요. 이들의 통찰은 지금 우리가 겪는 아이의 고집, 산만힘, 반항 속에 숨겨진 성장 욕구를 다시 바라보게 해줍니다.

뇌과학도 그 그 서툶을 과학적으로 설명합니다. 아이의 전전두엽은 아직 공사 중이고, 도파민은 당장 재밌는 자극에만 집중하며 편도체는 작은 불안에도 민감하게 반응하지요. 결국 아이는 못 하는 것이 아니라 아직 연습 중인 상태입니다.

스마트폰 사용 규칙, 공부 스트레스 다루기, 진로 갈등 해결하기… 결코 쉽지 않지만 포기해서도 안 됩니다. 육아는 긴 여정이에요. 돌아가도 좋고 잠시 쉬어도 괜찮아요. 중요한 것은 함께 가고 있다는 사실입니다.

아이를 키우는 건 결국 나를 다시 배우는 일입니다. 감정을 다루는 법, 기다리는 법, 말하는 법… 아이에게 가르치고 싶었던 것은 사실 나 자신에게 꼭 필요한 것들이었습니다. 아이가 자라며 배우는 만큼, 나도 부모로서 조금씩 성장해 나아갑니다.

완벽한 부모가 되려고 애쓰지 않아도 괜찮아요.[125] 우리는 매일 아이와 함께 연습하는 중이니까. 그리고 그걸 잊지 않는 한, 우리는 이미 충분히 좋은 부모입니다.

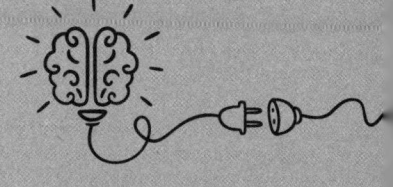

에필로그
갈망을 꺼버린 스위치

이 책을 쓰면서 가장 크게 바뀐 것은 바로 제 자신이었습니다. 몇 년간의 노력과 결심에도 매번 술에 무너졌던 이유가, 제 의지의 부족이 아니라 뇌의 회로 때문이었다는 사실을 깨닫자 삶이 달라졌습니다. 망가진 줄 알았던 제 안의 시스템은 사실 고장 난 것이 아니라 설계가 잘못되었던 것입니다.

처음에는 단순히 체중 관리를 위해 위고비를 시작했습니다. 하지만 예상치 못한 놀라운 변화를 맞았습니다. 매일 저녁 습관처럼 찾아오던 술에 대한 갈망이 마치 누군가 스위치를 끈듯 사라진 것입니다. 의지를 동원해 참아내는 싸움이 아니라, 자연스럽게 멀어지는 경험이었습니다. 술잔을 내려놓자 저녁은 고요해졌고 아침은 맑아졌습니다. 이 작은 변화가 없었다면 아마 이 책은 아직도 미완의 원고 상태로 제 컴

퓨터 속에 남아 있었을 것입니다.

결국 우리는 나약하거나 의지가 부족해서 충동과 중독에 빠지는 것이 아닙니다. 그저 뇌의 작동 원리를 제대로 알지 못했을 뿐입니다. 우리가 할 일은 더 강한 의지를 품는 것이 아니라, 우리의 뇌를 이해하고 올바르게 설계하는 것입니다.

당신도 충동과 욕망 앞에서 흔들릴 때, 자기 비난 대신 이렇게 외쳐보세요.

"이건 내 탓이 아니야, 뇌 탓이야."

이 작은 주문 하나가 당신을 다시 일으켜 세울 것입니다. 뇌를 탓하라는 말이 아닙니다. 자신을 비난하지 말라는 이야기입니다. 우리는 이미 충분히 노력하고 있어요. 이제는 자신과 싸우는 대신, 뇌와 함께 협력하며 살아가는 법을 배워야 합니다.

책을 덮은 뒤 당신이 더 이상 자신을 책망하지 않기를 바랍니다. 충동과 갈망 앞에서, 이 주문이 당신을 지켜주는 따뜻한 위로이자 단단한 힘이 되어주기를 간절히 소망합니다.

참고문헌

1. Malvaez M, Shieh C, Murphy MD, Greenfield VY, Wassum KM. Distinct cortical-amygdala projections drive reward value encoding and retrieval. *Nature neuroscience*. 2019;22:762-769.
2. Casey B, Jones RM, Hare TA. The Adolescent Brain, 1124 Annals NY Acad. In. *Scis*; 2008, pp. 122.
3. Schultz W. Dopamine reward prediction-error signalling: a two-component response. *Nature reviews neuroscience*. 2016;17:183-195.
4. Miyazaki K, Miyazaki KW, Sivori G, Yamanaka A, Tanaka KF, Doya K. Serotonergic projections to the orbitofrontal and medial prefrontal cortices differentially modulate waiting for future rewards. *Science advances*. 2020;6:eabc7246.
5. Arnsten AF. Stress weakens prefrontal networks: molecular insults to higher cognition. *Nature neuroscience*. 2015;18:1376-1385.
6. Streeter CC, Gerbarg PL, Whitfield TH, et al. Treatment of major depressive disorder with Iyengar yoga and coherent breathing: a randomized controlled dosing study. *The Journal of Alternative and Complementary Medicine*. 2017;23:201-207.
7. Sripada CS, Phan KL, Labuschagne I, Welsh R, Nathan PJ, Wood AG. Oxytocin enhances resting-state connectivity between amygdala and medial frontal cortex. *International Journal of Neuropsychopharmacology*. 2013;16:255-260.
8. De Dreu CK, Greer LL, Van Kleef GA, Shalvi S, Handgraaf MJ. Oxytocin promotes human ethnocentrism. *Proceedings of the National Academy of Sciences*. 2011;108:1262-1266.
9. Neumann ID, Slattery DA. Oxytocin in general anxiety and social fear: a translational approach. *Biological psychiatry*. 2016;79:213-221.
10. Sherman LE, Payton AA, Hernandez LM, Greenfield PM, Dapretto M. The power of the like in adolescence: Effects of peer influence on neural and behavioral responses to social media. *Psychological science*. 2016;27:1027-1035.
11. Baumeister RF, Bratslavsky E, Muraven M, Tice DM. Ego depletion: Is the active self a limited resource? In. *Self-regulation and self-control*: Routledge; 2018,

pp. 16-44.
12. Job V, Dweck CS, Walton GM. Ego depletion—Is it all in your head? Implicit theories about willpower affect self-regulation. *Psychological science*. 2010;21:1686-1693.
13. Montag C, Błaszkiewicz K, Sariyska R, et al. Smartphone usage in the 21st century: who is active on WhatsApp? *BMC research notes*. 2015;8:1-6.
14. Tang Y-Y, Hölzel BK, Posner MI. The neuroscience of mindfulness meditation. *Nature reviews neuroscience*. 2015;16:213-225.
15. Fincham GW, Strauss C, Montero-Marin J, Cavanagh K. Effect of breathwork on stress and mental health: A meta-analysis of randomised-controlled trials. *Scientific Reports*. 2023;13:432.
16. Balban MY, Neri E, Kogon MM, et al. Brief structured respiration practices enhance mood and reduce physiological arousal. *Cell Reports Medicine*. 2023;4.
17. Wansink B, Painter JE, Lee Y-K. The office candy dish: proximity's influence on estimated and actual consumption. *International journal of obesity*. 2006;30:871-875.
18. Smyth JM, Stone AA, Hurewitz A, Kaell A. Effects of writing about stressful experiences on symptom reduction in patients with asthma or rheumatoid arthritis: A randomized trial. *Jama*. 1999;281:1304-1309.
19. Pennebaker JW, Smyth JM. Opening up by writing it down: *How expressive writing improves health and eases emotional pain*. Guilford Publications; 2016.
20. Brach T. *True refuge: Finding peace and freedom in your own awakened heart*. Bantam; 2012.
21. Calderone A, Latella D, Impellizzeri F, et al. Neurobiological Changes Induced by Mindfulness and Meditation: A Systematic Review. *Biomedicines*. 2024;12:2613.
22. Brunchmann A, Thomsen M, Fink-Jensen A. The effect of glucagon-like peptide-1 (GLP-1) receptor agonists on substance use disorder (SUD)-related behavioural effects of drugs and alcohol: a systematic review. *Physiology & behavior*. 2019;206:232-242.
23. Hendershot CS, Bremmer MP, Paladino MB, et al. Once-Weekly Semaglutide in Adults With Alcohol Use Disorder: A Randomized Clinical Trial. *JAMA psychiatry*. 2025.
24. Xie Y, Choi T, Al-Aly Z. Mapping the effectiveness and risks of GLP-1 receptor agonists. *Nature medicine*. 2025:1-12.
25. Maurer L, Mai K, Krude H, Haynes J-D, Weygandt M, Spranger J. Interaction of circulating GLP-1 and the response of the dorsolateral prefrontal cortex to food-

cues predicts body weight development. *Molecular metabolism*. 2019;29:136-144.
26. Badulescu S, Tabassum A, Le GH, *et al.* Glucagon-like peptide 1 agonist and effects on reward behaviour: a systematic review. *Physiology & Behavior*. 2024:114622.
27. Arns M, De Ridder S, Strehl U, Breteler M, Coenen A. Efficacy of neurofeedback treatment in ADHD: the effects on inattention, impulsivity and hyperactivity: a meta-analysis. *Clinical EEG and neuroscience*. 2009;40:180-189.
28. Beaumont JD, Smith NC, Starr D, *et al.* Modulating eating behavior with transcranial direct current stimulation (tDCS): A systematic literature review on the impact of eating behavior traits. *Obesity Reviews*. 2022;23:e13364.
29. Kearney-Ramos TE, Dowdle LT, Lench DH, *et al.* Transdiagnostic Effects of Ventromedial Prefrontal Cortex Transcranial Magnetic Stimulation on Cue Reactivity. *Biol Psychiatry Cogn Neurosci Neuroimaging*. 2018;3:599-609.
30. Treiber M, Tsapakis EM, Fountoulakis K. Repetitive Transcranial Magnetic Stimulation for Alcohol Craving in Alcohol Use Disorders: A Meta-analysis. *J Addict Med*. 2025;19:195-201.
31. Ekhtiari H, Tavakoli H, Addolorato G, *et al.* Transcranial electrical and magnetic stimulation (tES and TMS) for addiction medicine: A consensus paper on the present state of the science and the road ahead. *Neurosci Biobehav Rev*. 2019;104:118-140.
32. Lieberman MD. Social: *Why our brains are wired to connect*. oup Oxford; 2013.
33. Jumah F. Role of the Insular Cortex in Emotional Awareness. *Island of Reil (Insula) in the Human Brain: Anatomical, Functional, Clinical and Surgical Aspects*. 2018:161-168.
34. Lazar SW, Kerr CE, Wasserman RH, *et al.* Meditation experience is associated with increased cortical thickness. *neuroreport*. 2005;16:1893-1897.
35. Schultz W, Dayan P, Montague PR. A neural substrate of prediction and reward. *Science*. 1997;275:1593-1599.
36. Kelley AE, Berridge KC. The neuroscience of natural rewards: relevance to addictive drugs. *Journal of neuroscience*. 2002;22:3306-3311.
37. Wilcockson TD, Osborne AM, Ellis DA. Digital detox: The effect of smartphone abstinence on mood, anxiety, and craving. *Addictive behaviors*. 2019;99:106013.
38. Arnsten AF. Stress signalling pathways that impair prefrontal cortex structure and function. *Nature reviews neuroscience*. 2009;10:410-422.
39. Zaccaro A, Piarulli A, Laurino M, *et al.* How breath-control can change your life:

a systematic review on psycho-physiological correlates of slow breathing. *Frontiers in human neuroscience*. 2018;12:409421.
40. Gross JJ. Emotion regulation: Conceptual and empirical foundations. *Handbook of emotion regulation*. 2014;2:3-20.
41. Hill EE, Zack E, Battaglini C, Viru M, Viru A, Hackney AC. Exercise and circulating cortisol levels: the intensity threshold effect. *Journal of endocrinological investigation*. 2008;31:587-591.
42. Gailliot MT, Baumeister RF. The physiology of willpower: Linking blood glucose to self-control. *Personality and social psychology review*. 2007;11:303-327.
43. Fogg BJ. *Tiny habits: The small changes that change everything*. Harvest; 2020.
44. Krause AJ, Simon EB, Mander BA, et al. The sleep-deprived human brain. *Nature Reviews Neuroscience*. 2017;18:404-418.
45. Coccaro EF, Fanning JR, Phan KL, Lee R. Serotonin and impulsive aggression. *CNS spectrums*. 2015;20:295-302.
46. Lambert GW, Reid C, Kaye DM, Jennings GL, Esler MD. Effect of sunlight and season on serotonin turnover in the brain. *The Lancet*. 2002;360:1840-1842.
47. Korb A. The upward spiral: *Using neuroscience to reverse the course of depression, one small change at a time*. New Harbinger Publications; 2015.
48. Bandura A. Self-efficacy: toward a unifying theory of behavioral change. *Psychological review*. 1977;84:191.
49. Flett GL, Hewitt PL. Perfectionism and maladjustment: An overview of theoretical, definitional, and treatment issues. 2002.
50. Hayes SC, Wilson KG, Gifford EV, Follette VM, Strosahl K. Experiential avoidance and behavioral disorders: A functional dimensional approach to diagnosis and treatment. *Journal of consulting and clinical psychology*. 1996;64:1152.
51. Tangney JP, Dearing RL. *Shame and guilt*. Guilford press; 2003.
52. Krystal H. Shattered assumptions: towards a new psychology of trauma. In: LWW; 1993, pp. 208-209.
53. Baudrillard J. The consumer society: Myths and structures. 2016.
54. Elliot AJ, Maier MA. Color and psychological functioning. *Current directions in psychological science*. 2007;16:250-254.
55. Schultz W. Getting formal with dopamine and reward. *Neuron*. 2002;36:241-263.
56. Verplanken B, Sato A. The psychology of impulse buying: An integrative self-regulation approach. *Journal of Consumer Policy*. 2011;34:197-210.
57. Hofmann SG, Asnaani A, Vonk IJ, Sawyer AT, Fang A. The efficacy of cognitive

behavioral therapy: A review of meta-analyses. *Cognitive therapy and research*. 2012;36:427-440.
58. Young SN. How to increase serotonin in the human brain without drugs. *Journal of psychiatry & neuroscience: JPN*. 2007;32:394.
59. Knutson B, Rick S, Wimmer GE, Prelec D, Loewenstein G. Neural predictors of purchases. *Neuron*. 2007;53:147-156.
60. Muehling DD, Sprott DE, Sprott DE. The power of reflection: An empirical examination of nostalgia advertising effects. *Journal of advertising*. 2004;33:25-35.
61. Baumeister RF, Bratslavsky E, Finkenauer C, Vohs KD. Bad is stronger than good. *Review of general psychology*. 2001;5:323-370.
62. Van Boven L, Gilovich T. To do or to have? That is the question. *Journal of personality and social psychology*. 2003;85:1193.
63. Rizzolatti G, Craighero L. The mirror-neuron system. *Annu Rev Neurosci*. 2004;27:169-192.
64. Smith HJ, Pettigrew TF, Pippin GM, Bialosiewicz S. Relative deprivation: A theoretical and meta-analytic review. *Personality and social psychology review*. 2012;16:203-232.
65. Cialdini RB, Goldstein NJ. Social influence: Compliance and conformity. *Annu Rev Psychol*. 2004;55:591-621.
66. Matar R, Abdelfattah N. Neurobiological underpinnings of compulsive buying disorder: a multimodal imaging study. *Archives of Clinical Psychiatry*. 2023;50.
67. Reed II A, Forehand MR, Puntoni S, Warlop L. Identity-based consumer behavior. *International Journal of Research in Marketing*. 2012;29:310-321.
68. Kahneman D, Tversky A. Prospect theory: An analysis of decision under risk. In. *Handbook of the fundamentals of financial decision making: Part I*. World Scientific; 2013, pp. 99-127.
69. Waldinger R, Schulz M. *The good life: Lessons from the world's longest scientific study of happiness*. Simon and Schuster; 2023.
70. Kasser T. *The high price of materialism*. MIT press; 2003.
71. Huang S, Li M. Consumer loneliness: a systematic review and research agenda. *Frontiers in Psychology*. 2023;14:1071341.
72. Kahneman D, Knetsch JL, Thaler RH. Experimental tests of the endowment effect and the Coase theorem. *Journal of political Economy*. 1990;98:1325-1348.
73. Volkow ND, Morales M. The brain on drugs: from reward to addiction. *Cell*. 2015;162:712-725.

74. Marlatt GA, Witkiewitz K. Harm reduction approaches to alcohol use: Health promotion, prevention, and treatment. *Addictive behaviors*. 2002;27:867-886.
75. Bowen S, Chawla N, Grow J, Marlatt GA. *Mindfulness-based relapse prevention for addictive behaviors*. Guilford Publications; 2021.
76. Mondoloni S, Mameli M, Congiu M. Reward and aversion encoding in the lateral habenula for innate and learned behaviours. *Translational psychiatry*. 2022;12:3.
77. Baik J-H. Stress and the dopaminergic reward system. *Experimental & molecular medicine*. 2020;52:1879-1890.
78. Solomon RL, Corbit JD. An opponent-process theory of motivation: II. Cigarette addiction. *Journal of abnormal psychology*. 1973;81:158.
79. Heinz A, Mann K, Weinberger DR, Goldman D. Serotonergic dysfunction, negative mood states, and response to alcohol. *Alcoholism: Clinical and Experimental Research*. 2001;25:487-495.
80. Pettinati HM, O'Brien CP, Dundon WD. Current status of co-occurring mood and substance use disorders: a new therapeutic target. *American Journal of Psychiatry*. 2013;170:23-30.
81. Moselhy HF, Georgiou G, Kahn A. Frontal lobe changes in alcoholism: a review of the literature. *Alcohol and alcoholism*. 2001;36:357-368.
82. Everitt BJ, Robbins TW. Neural systems of reinforcement for drug addiction: from actions to habits to compulsion. *Nature neuroscience*. 2005;8:1481-1489.
83. Volkow ND, Wang G-J, Telang F, *et al*. Cocaine cues and dopamine in dorsal striatum: mechanism of craving in cocaine addiction. *Journal of neuroscience*. 2006;26:6583-6588.
84. Alexander BK, Beyerstein BL, Hadaway PF, Coambs RB. Effect of early and later colony housing on oral ingestion of morphine in rats. *Pharmacology Biochemistry and Behavior*. 1981;15:571-576.
85. Alexander B. *The globalization of addiction: A study in poverty of the spirit*. Oxford University Press; 2010.
86. Kiser BH. The six pillars of self-esteem. *Journal of Clinical Engineering*. 1994;19:260-276.
87. Shaghaghy F, Saffarinia M, Iranpoor M, Soltanynejad A. The relationship of early maladaptive schemas, attributional styles and learned helplessness among addicted and non-addicted men. *Addiction & health*. 2011;3:45.
88. Bouton ME. *Learning and behavior: A contemporary synthesis*. Sinauer Associates; 2007.

89. Arillotta D, Floresta G, Papanti Pelletier GD, *et al.* Exploring the potential impact of GLP-1 receptor agonists on substance use, compulsive behavior, and libido: insights from social media using a mixed-methods approach. *Brain sciences*. 2024;14:617.
90. Quddos F, Hubshman Z, Tegge A, *et al.* Semaglutide and Tirzepatide reduce alcohol consumption in individuals with obesity. *Scientific Reports*. 2023;13:20998.
91. Jerlhag E. GLP-1 Receptor Agonists: Promising Therapeutic Targets for Alcohol Use Disorder. *Endocrinology*. 2025;166:bqaf028.
92. Wang W, Volkow ND, Berger NA, Davis PB, Kaelber DC, Xu R. Associations of semaglutide with incidence and recurrence of alcohol use disorder in real-world population. *nature communications*. 2024;15:4548.
93. Herman RJ, Schmidt HD. Targeting GLP-1 receptors to reduce nicotine use disorder: preclinical and clinical evidence. *Physiology & behavior*. 2024:114565.
94. Yammine L, de Dios C, Suchting R, *et al.* Exploring Predictors of Treatment Response to GLP-1 Receptor Agonists for Smoking Cessation. *Nicotine and Tobacco Research*. 2025:ntaf005.
95. Filippatos TD, Panagiotopoulou TV, Elisaf MS. Adverse effects of GLP-1 receptor agonists. *The review of diabetic studies*: RDS. 2015;11:202.
96. Cormier Z, Wang Z. Gene switches make prairie voles fall in love. *Nature*. 2013.
97. Holt-Lunstad J, Birmingham WA, Light KC. Influence of a "warm touch" support enhancement intervention among married couples on ambulatory blood pressure, oxytocin, alpha amylase, and cortisol. *Psychosomatic medicine*. 2008;70:976-985.
98. Gottman J. *The seven principles for making marriage work*. Hachette UK; 2018.
99. Marazziti D, Akiskal HS, Rossi A, Cassano GB. Alteration of the platelet serotonin transporter in romantic love. *Psychol Med*. 1999;29:741-745.
100. Harmer CJ, Duman RS, Cowen PJ. How do antidepressants work? New perspectives for refining future treatment approaches. *The Lancet Psychiatry*. 2017;4:409-418.
101. LeDoux JE. The emotional brain: *The mysterious underpinnings of emotional life*. Simon and Schuster; 1998.
102. Gottman JM, Levenson RW. A two-factor model for predicting when a couple will divorce: Exploratory analyses using 14-year longitudinal data. *Family process*. 2002;41:83-96.
103. Aron A, Fisher H, Mashek DJ, Strong G, Li H, Brown LL. Reward, motivation,

and emotion systems associated with early-stage intense romantic love. *Journal of neurophysiology*. 2005;94:327-337.
104. Fincham FD, Bradbury TN. Marital satisfaction, depression, and attributions: a longitudinal analysis. *Journal of personality and social psychology*. 1993;64:442.
105. Mikulincer M, Shaver PR. *Attachment in adulthood: Structure, dynamics, and change*. Guilford Publications; 2010.
106. Karney BR, Bradbury TN. The longitudinal course of marital quality and stability: A review of theory, methods, and research. *Psychological bulletin*. 1995;118:3.
107. Selby EA, Franklin J, Carson-Wong A, Rizvi SL. Emotional cascades and self-injury: Investigating instability of rumination and negative emotion. *Journal of clinical psychology*. 2013;69:1213-1227.
108. Pascual-Leone A, Greenberg LS. Emotional processing in experiential therapy: Why" the only way out is through.". *Journal of consulting and clinical psychology*. 2007;75:875.
109. Johnson SM. *The practice of emotionally focused couple therapy: Creating connection*. Routledge; 2012.
110. Keysers C, Thioux M, Gazzola V. Mirror neuron system and social cognition. *Understanding other minds: Perspectives from developmental social neuroscience*. 2013:233-263.
111. Wahlstrom D, White T, Luciana M. Neurobehavioral evidence for changes in dopamine system activity during adolescence. *Neuroscience & Biobehavioral Reviews*. 2010;34:631-648.
112. Sowell ER, Thompson PM, Tessner KD, Toga AW. Mapping continued brain growth and gray matter density reduction in dorsal frontal cortex: Inverse relationships during postadolescent brain maturation. *Journal of Neuroscience*. 2001;21:8819-8829.
113. Bergen D, Lee L, DiCarlo C, Burnett G. *Enhancing brain development in infants and young children: Strategies for caregivers and educators*. Teachers College Press; 2020.
114. Kerr BA. Smart girls, gifted women: Special guidance concerns. *Roeper Review*. 1985;8:30-33.
115. Kim J, Lee J-g, Lee S-k. Understanding of education fever in Korea. *KEDI Journal of Educational Policy*. 2005;2.
116. Dweck CS. *Mindset: The new psychology of success*. Random house; 2006.
117. Mueller CM, Dweck CS. Praise for intelligence can undermine children's

motivation and performance. *Journal of personality and social psychology*. 1998;75:33.
118. Watzlawick P, Bavelas JB, Jackson DD. *Pragmatics of human communication: A study of interactional patterns, pathologies and paradoxes*. WW Norton & Company; 2011.
119. Ellis A. Reason and emotion in psychotherapy. 1962.
120. Bandura A. Self-efficacy: The Exercise of Control. New York: W. H Freeman. *Self-efficacy: the exercise of control New York: WH Freeman*. 1997.
121. Pekrun R, Lichtenfeld S, Marsh HW, Murayama K, Goetz T. Achievement emotions and academic performance: Longitudinal models of reciprocal effects. *Child development*. 2017;88:1653-1670.
122. Erikson EH. *Identity: Youth and crisis*. Norton; 1968.
123. Deci EL, Ryan RM. The" what" and" why" of goal pursuits: Human needs and the self-determination of behavior. *Psychological inquiry*. 2000;11:227-268.
124. Rogers CR. *On becoming a person: A therapist's view of psychotherapy*. Houghton Mifflin Harcourt; 1995.
125. Winnicott DW. The theory of the parent-infant relationship. *International Journal of psychoanalysis*. 1960;41:585-595.

조종당하는 인간

1판 1쇄 발행	25년 7월 16일
1판 3쇄 발행	25년 7월 23일

펴낸곳	스노우폭스북스
펴낸이	서진

지은이	김석재

책임 진행	진저(박정아)
책임 편집	최혜영

전략 지원	DK(김정현)
AI	테드 (이한음)
퍼포먼스 바이럴	썸머 (윤서하)
표지, 홍보디자인	샤인 (김완선)
본문	헤라 (강희연)

검색	형연(김형연)
영업	영신(이동진)
제작	해니(박범준)

종이	월드페이퍼
인쇄	남양문화사

주소	경기도 파주시 회동길 527, 스노우폭스북스 빌딩 3층
대표번호	031-927-9965
팩스	070-7589-0721
전자우편	edit@sfbooks.co.kr
출판신고	2015년 8월 7일 제406-2015-000159

ISBN 979-11-94966-03-6 03190

- 스노우폭스북스P는 스노우폭스북스의 브랜드입니다.
- 스노우폭스북스는 여러분의 소중한 원고를 언제나 성실히 검토합니다.
- 이 책에 실린 모든 내용은 저작권법에 따라 보호를 받는 저작물이므로 무단 전재와 무단 복제를 금합니다.
- 이 책 내용의 전부 또는 일부를 사용하려면 반드시 출판사의 동의를 받아야 합니다.
- 잘못된 책은 구입처에서 교환해 드립니다.

스노우폭스북스는 "이 책을 읽게 될 단 한 명의 독자를 바라보고 책을 만듭니다."